Schriften
des
Vereins für Sozialpolitik.

---

179. Band.

Untersuchungen über das Schlichtungswesen.

Herausgegeben von M. J. Bonn
in Verbindung mit
Carl Landauer und Friedrich Lemmer.

Erster Teil:

Einigungs- und Schiedsgrundsatz.

Begriffliches, Kritisches und Positives zum Schlichtungsproblem.
Von
Walter Weddigen.

Verlag von Duncker & Humblot.
München und Leipzig 1930.

Einigungs- und Schiedsgrundsatz.

Begriffliches, Kritisches und Positives zum Schlichtungsproblem.

Von

Dr. Walter Weddigen,
Privatdozent an der Universität München.

Verlag von Duncker & Humblot.
München und Leipzig 1930.

Alle Rechte vorbehalten.

Altenburg (Thür.)
Pierersche Hofbuchdruckerei
Stephan Geibel & Co.

Vorwort.

Die vorliegende Arbeit eröffnet eine Reihe von Untersuchungen über das Schlichtungswesen, die von dem einschlägigen Unterausschuß des Vereins für Sozialpolitik angeregt wurden. Der Arbeitsplan, in den sich unsere Untersuchung daher einzufügen hatte, sieht u. a. Darstellungen des deutschen und ausländischen Schlichtungswesens sowie insbesondere des tariflichen Einigungswesens, ferner Darlegungen über die Stellung der Arbeitgeber und -nehmer zum Schlichtungsproblem, endlich Untersuchungen über die Frage der Politisierung der Schlichtung und über die Lohnentwicklung in Deutschland vor. Hinsichtlich dieser Gegenstände beschränkt sich somit die vorliegende Untersuchung auf diejenigen Hinweise, die zur Erläuterung und Erweisung ihrer Ergebnisse notwendig erschienen. Im Rahmen des erwähnten Arbeitsplans erblickt sie ihre Aufgabe zunächst darin, die noch in Aussicht genommenen Abhandlungen durch eine begriffliche und theoretische Klärung der allem Schlichtungswesen zugrunde liegenden Antithese „Einigungs- und Schiedsgrundsatz" nach Möglichkeit vorzubereiten. Auf die dabei erzielten Ergebnisse wird dann eine Kritik der gegenwärtigen deutschen Schlichtungsregelung gegründet. Sie führt im weiteren zu einigen positiven Reformvorschlägen.

München, im Februar 1930.

Walter Weddigen.

Inhaltsverzeichnis.

Seite

I. Vorbemerkung 1

II. Bestimmung der Zwecke und des Begriffs der Schlichtung durch ihre Einordnung in ein System der sozialpolitischen Maßnahmen 3
Begriff der Sozialpolitik S. 4. — Gliederung ihrer Maßnahmen S. 5. — Die vergemeinschaftende Sozialpolitik als logischer Ort der Schlichtung in dieser Gliederung S. 9. — Zwecke und Begriff der Schlichtung als einer Unterkategorie der vergemeinschaftenden Sozialpolitik S. 12.

III. Einigungs- und Schiedsgrundsatz als Spannungspole der Schlichtungsmittel 16
Freiheit und Zwang als Pole dieser Antithese S. 16. — Die Mittel der Schlichtung zwischen Einigungs- und Schiedsgrundsatz: Einleitung der Schlichtung S. 19, Betreibung ihres Verfahrens S. 20, Verwirklichung der Schlichtung S. 22. — Zusammenfassung S. 25. — Die polare Verschiedenheit von Einigungs- und Schiedsgrundsatz: im Hinblick auf die Aufgaben der Schlichtung S. 27, im Hinblick auf die Wahrung der Schlichtungsparität S. 30.

IV. Einigungs- oder Schiedsgrundsatz? 33
Die Bedeutung des Produktivitätsgesichtspunktes für die Schlichtungspolitik S. 34. — Liberalismus und Kollektivismus in der Schlichtungspolitik S. 36. — Die Produktivitätswirkungen der Schlichtung in ertragstheoretischer Betrachtung S. 38. — Schlichtung und Elastizität der Wirtschaft S. 43. — Schlichtung und Politik S. 49. — Ergebnis S. 51.

V. Die Verbindung von Einigungs- und Schiedsgrundsatz im Schlichtungssystem 52
Die beiden Möglichkeiten dieser Verbindung S. 52. — Kritik der in der gegenwärtigen deutschen Regelung gewählten Verbindung S. 53. — Der Grundsatz der Gleichartigkeit der Schlichtungsstadien S. 61. — Die zweckmäßige Verbindung von Einigungs- und Schiedsgrundsatz: Kampfrisiko und Schlichtungsrisiko S. 62. — Der Grundsatz der Schlichtungsparität S. 64.

VI. Zum Kampf um Einigungs- und Schiedsgrundsatz in der deutschen Schlichtungsreform 66
Die Forderungen der Arbeitgeber und Arbeitnehmer S. 66 — Die Beweisführung Wissels und Sinzheimers S. 67. — Kritik des Vorschlages der Arbeitgebervereinigungen S. 76. — Vorschlag einer elastischeren Einschränkung des Schiedsgrundsatzes S. 77. — Einzelfragen: Der Alleinentscheid des Vorsitzenden S. 79. — Besetzung und Verfahren der zu bildenden Schiedskammer S. 80. — Die Wahrung des Schlichtungsfriedens S. 82. — Rück- und Ausblick S. 83.

I. Vorbemerkung.

Daß sozialpolitische Fragen in der Praxis heftig umstritten werden, ist nichts Außergewöhnliches. Die Klärung der Fragen des Schlichtungswesens jedoch wird noch dadurch erschwert, daß der Streit um sie von den Arbeitsparteien mit häufig wechselnder Front geführt wird. Die Schlichtung ist innig verflochten mit dem Kampf um die Arbeitsbedingungen, wie er unter wechselnden wirtschaftlichen und politischen Machtbedingungen täglich neu zum Austrag kommt. Je nach dem Wechsel dieser Machtbedingungen bekämpfen die Parteien des Arbeitsverhältnisses hier oft nach wenigen Jahren, was sie früher forderten, und fordern, was sie noch vor kurzem bekämpften. Sogar gleichzeitig ist in den verschiedenen Ländern die Einstellung der Arbeitsparteien zu den Fragen der Schlichtungsregelung je nach den bestehenden, insbesondere politischen Machtverhältnissen oft sehr verschieden.

Der Grund hierfür scheint uns darin zu liegen, daß die Beweisgründe beider Seiten nur selten auf die übergeordneten Zusammenhänge zurückgeführt werden, in denen sie logisch verankert sind. Gewiß ist heute eine gewisse Vertiefung der Argumente im Meinungsstreit um das Schlichtungswesen vielfach schon erreicht. Immer noch zu wenig aber hat man dabei die Schaffung einer Schlichtungsregelung im Auge, die den Schlichtungsaufgaben auf die Dauer, also auch im Wechsel der jeweiligen lohn- und arbeitspolitischen Erfordernisse, möglichst gerecht zu werden vermag. Vielmehr sucht man zum Teil noch immer nur die unmittelbarsten Ergebnisse der Schlichtertätigkeit auf dem Umwege über die gesetzliche Regelung der Schlichtung zu beeinflussen: man sagt dann Schlichtungsreform und meint nur eine bestimmte Einwirkung auf die Nominallöhne. Ist die jeweilige politische Macht dieser Einwirkung günstig, so sucht man ihr im Schlichtungswesen ein Werkzeug hierzu an die Hand zu geben, und umgekehrt.

Auch in der Diskussion des Schlichtungswesens, so wie sie heute in Deutschland im Anschluß an verschiedene Reformforderungen besonders stark wieder aufgelebt ist, sind vielfach noch die Keime dieser Unstetheit des Meinungsstreits zu erkennen.

Man könnte hier einwenden, daß gerade in Deutschland praktische Fragen viel eher zu grundsätzlich-theoretisch als zu opportunistisch-realistisch gelöst zu werden pflegen. Aber wir meinen mit den logisch übergeordneten Zusammenhängen, auf die wir die Fragen des Schlichtungswesens zurückgeführt wissen wollen, viel weniger grundsätzliche als vielmehr vor allem reine Zweckmäßigkeitszusammenhänge. Noch neuerdings zeigten ja die Debatten der elften Hauptversammlung der Gesellschaft für Soziale Reform (in Mannheim 1929) zum Teil nur zu deutlich, daß die Betonung weltanschaulicher Gegensätzlichkeiten allein das Schlichtungsproblem praktisch nicht zu fördern vermag[1]. Bei der heutigen Lage dieses Problems ist gerade die Hervorkehrung des Weltanschaulich-Grundsätzlichen bei weitem nicht so notwendig, wie die Arbeitsparteien — besonders vor dem großen Forum solcher Versammlungen — oft zu glauben scheinen. Denn selbst auf dem so umstrittenen Gebiete der Lohnpolitik, die ja überall hinter den Schlichtungsfragen auftaucht, läßt sich ein praktisches Ziel, ein Gesichtspunkt gegenwärtig bei den einsichtigen, von Gemeinsinn erfüllten Kreisen beider Lager, der Arbeitgeber wie der Arbeitnehmer, als anerkannt voraussetzen: Angesichts der wirtschaftlichen Lage weiter Kreise des deutschen Volkes sind heute alle Mittel zu billigen, die geeignet sind, das Realeinkommen dieser Volksschichten nachhaltig über das Existenzminimum emporzuschrauben. Die Frage der nachhaltigen Eignung solcher Mittel aber ist eine Frage ihrer wirtschaftlichen Wirkung, das heißt eine Frage ihrer Produktivität. Die rein wirtschaftspolitischen Zweckmäßigkeitsfragen, die sich hier ergeben, betreffen vor allem das Verhältnis von Nominal- und Realeinkommen. Sie sind Probleme angewandter Wirtschaftstheorie und stehen meist schon weit oberhalb vieler der Gesichtspunkte, von denen der Streit um die Schlichtungsregelung, wie angedeutet, gegenwärtig ausgeht.

Die heute schon kaum mehr übersehbare einschlägige Literatur macht zahllose Vorschläge zur Schlichtungsreform. Alle vorgeschlagenen

---

[1] Schon in der Mannheimer Debatte selbst betonte Nipperdey das sehr zutreffend (siehe den Bericht über die Verhandlungen der XI. Hauptversammlung der Gesellschaft für Soziale Reform, H. 83 [13. Bd., H. 3], der Schriften dieser Gesellschaft, 1930, S. 101).

Regelungen lassen sich als Glieder einer Skala einordnen in die polare Antithese: Einigungs- und Schiedsgrundsatz. Von der theoretischen Besinnung, die wir durch die folgende Untersuchung dieser Antithese zu fördern versuchen wollen, erhoffen wir daher noch ein Weiteres: Je weniger die Argumente im Kampfe um das Schlichtungswesen sich ihrer Rückverbundenheit in dieser graduellen, polaren Antithese bewußt sind, desto mehr glauben sie an ihre absolute Richtigkeit, die in Wahrheit doch nur eine relative ist: Je mehr die Kämpfer auf beiden Seiten in ihren Vorschlägen den einen der beiden genannten Grundsätze betonen, desto mehr müssen sie, wie unsere Untersuchung zeigen wird, die Vorteile darangeben, die der andere Pol zweifellos bietet. So wird klar, daß es sich bei der Regelung des Schlichtungsproblems nicht darum handelt, was an sich gut oder schlecht, sondern darum, was per saldo zweckmäßiger oder weniger zweckmäßig ist. Der Meinungsstreit mag dadurch sachlicher, ruhiger und reicher an wirklich brauchbaren Ergebnissen werden.

Schon vor etwa einem Jahre suchten wir in einer angewandt-theoretischen Untersuchung des Schlichtungsproblems die hier gekennzeichneten Gesichtspunkte mehr in den Vordergrund zu stellen[1a]. Die Diskussion, so wie sie inzwischen weitergegangen ist, bestätigt die Notwendigkeit solcher Untersuchungen insofern, als sie sich den gedachten theoretischen Gesichtspunkten schon etwas mehr zugewandt hat (vgl. unten S. 78). Die Ausführungen und Ergebnisse jener Abhandlung seien daher hier in Bezug genommen und zum Teil (ohne stets noch besondere Kenntlichmachung) mit verwendet, wenn wir auch an dieser Stelle den Gegenwartsfragen der Reform des deutschen Schlichtungswesens mehr Raum geben werden, als es im Rahmen jener Untersuchung möglich war.

II. Bestimmung der Zwecke und des Begriffs der Schlichtung durch ihre Einordnung in ein System der sozialpolitischen Maßnahmen.

Ungeschrieben oder ausdrücklich steht hinter jeder etwas tiefer schürfenden Erörterung des Schlichtungsproblems die Frage nach den

---

[1a] W. Weddigen, Angewandte Theorie der Schlichtung. Jahrb. f. Nationalökonomie und Statistik, III. F., 75. Bd., S. 339 ff. Im folgenden zitiert: A. Th. d. Schl.

Zwecken oder Aufgaben der Schlichtung, die ja unmittelbar auch zum Begriff der Schlichtung führt. Die Lösung dieser zentralen Frage wird dabei heute fast stets von der Peripherie, das heißt von dem Standpunkt her versucht, den der betreffende Autor in der praktischen Frage der Schlichtungsreform selbst einnimmt. Sie fällt dementsprechend auch sehr verschieden aus. Demgegenüber sei versucht, diese Frage durch eine systematische Eingliederung der Schlichtungstätigkeit in den größeren Umkreis des übergeordneten Tätigkeitsbereichs zu lösen. Hier können wir auf Grundlagen fußen, die dem praktischen Meinungskampfe weit mehr entzogen und daher weniger heftig umstritten, wenn auch noch keineswegs einstimmig behandelt sind.

Wir gehen dabei von der unseres Wissens unbestrittenen Auffassung aus, daß die Schlichtung wesentlich ein Akt der Sozialpolitik sei. In einem weiteren, völlig allgemeinen Sinne dieses Begriffs bedeutet Sozialpolitik, wie wir an anderer Stelle systematisch und polemisch nachzuweisen suchten[2], den Inbegriff der Maßnahmen, die zur Verwirklichung von Gemeinschaftszwecken gerichtet sind auf eine Beeinflussung des Verhältnisses von Gesellschaftsgruppen zueinander. Dieser weitere Begriff der Sozialpolitik deckt alle Maßnahmen, die die Eingliederung einer Gesellschaftsgruppe in ein Gesellschaftsganzes bezwecken und umfaßt insbesondere auch die sozialpolitischen Maßnahmen und Bestrebungen der Vergangenheit. Aus ihm leiteten wir (a. a. O. S. 341) eine engere Begriffsbestimmung der heute im Vordergrund stehenden Sozialpolitik ab, die weit genug ist auch für die Gegenwartsfragen der Schlichtung: Sozialpolitik in diesem engeren Sinne bedeutet den Inbegriff der Maßnahmen, die zur Verwirklichung von Gemeinschaftszwecken gerichtet sind auf die Abschwächung von Klassengegensätzen durch Einflußnahme auf die diesen Gegensätzen zugrunde liegenden gesellschaftlichen Zustände.

Auch aus diesem engeren Begriff der Sozialpolitik ist für die Verankerung des Begriffs der heutigen Schlichtung noch die überstaatliche und die zwischenstaatliche Sozialpolitik auszuscheiden. Denn soweit überhaupt ist hier bisher nur eine an vertraglichen Normen richtende Schiedsgerichtsbarkeit, nicht ein Schlichtungswesen in dem noch fest-

---

[2] W. Weddigen, Zur logischen Grundlegung der praktischen Wirtschaftswissenschaft. Schmollers Jahrbuch, 1928, S. 72 ff.

II. Bestimmung der Zwecke und des Begriffs der Schlichtung.

zulegenden Sinne des Wortes ausgebildet. Als Gemeinschaftszwecke im Sinne unserer Begriffsbestimmung der Sozialpolitik kommen also für unsere Aufgabe nicht die Zwecke von Völkergemeinschaften, sondern nur diejenigen von Volksgemeinschaften in Frage: der logische Standort der Schlichtung liegt innerhalb der innerstaatlichen (nationalen) Sozialpolitik.

Weiter ist festzustellen, daß die sozialpolitischen Aufgaben und Wirkungen des Schlichtungswesens zwar auch unmittelbar ideologischer Natur sind. Es liegen also zum Beispiel in der Erziehung der Arbeitgeber zur Aufgabe des Herr-im-Hause-Standpunktes, der Arbeitnehmer zur Abkehr von einer einseitig klassenkämpferischen Einstellung wichtige sozialpädagogische Aufgaben des Schlichters. Aber die Zusammenhänge, die das Schlichtungswesen zu einem Kernproblem der sozialpolitischen Disziplin machen, liegen doch vor allem auf wirtschaftlichem Gebiet. Schlichtungspolitik bedeutet insofern also nicht nur Sozialpolitik, sondern zugleich auch Wirtschaftspolitik.

Zur Einordnung der Schlichtung in den Bereich dieser wirtschaftlichen Maßnahmen der Sozialpolitik entwickelten wir bereits in der zitierten Abhandlung „Angewandte Theorie der Schlichtung" ein System dieser Maßnahmen, das hier im wesentlichen Ergebnis kurz mitgeteilt sei. Alle diese Maßnahmen nämlich zerfallen zunächst nach den unmittelbaren Zwecken ihrer wirtschaftlichen Einflußnahme in drei Gruppen: Die erste Gruppe (I) will den Gegensatz einer Klasse zu anderen Klassen dadurch im Sinne der Volksgemeinschaftszwecke mildern, daß sie sie durch Gewährleistung von Mitteln wirtschaftlich zu heben sucht, sei es, daß diese Gewährleistung dem Mangel bzw. Verlust der Mittel präventiv oder repressiv entgegenwirkt, sei es, daß sie dessen Folgen durch Schadensverteilung (z. B. Versicherung) zu mindern trachtet. Die zweite Gruppe (II) sucht diesen Zweck dadurch zu erreichen, daß sie eine Klasse durch Entziehung von Mitteln wirtschaftlich beeinträchtigt, um so den Abstand der wirtschaftlichen Lage zwischen ihr und anderen Klassen zu verringern. Die von der dritten Gruppe (III) umfaßten Maßnahmen sind gerichtet auf den unmittelbaren Schutz der persönlichen Eigenwerte, insbesondere von Moral und Menschenwürde der Arbeitenden im Wirtschaftsprozeß, also auf dem sogenannten unmittelbaren Persönlichkeitsschutz. Diese Dreiteilung ergab im weiteren folgende Gliederung der wirtschaftlichen Maßnahmen der Sozialpolitik:

II. Bestimmung der Zwecke und des Begriffs der Schlichtung.

I. Die Gewährleistung von Mitteln der wirtschaftlich zu hebenden Klasse. Sie stellt sich dar als:
1. Gewährleistung von Sachmitteln (in Geld oder Naturalien), z. B. durch Lohnschutz, Arbeitslosenfürsorge, Sozialversicherung, Konsumentenschutz usw.;
2. Sicherung und Gewährung persönlicher Mittel (Arbeitsfähigkeiten), nämlich als:
   a) Schutz der körperlichen Leistungsfähigkeit; z. B. Schutz der Arbeitskraft durch Betriebshygiene, Arbeitszeitbeschränkung, Verbot der Frauennachtarbeit, Schwangerschaftsschutz usw.;
   b) Vermittlung geistiger Kenntnisse und Fähigkeiten, z. B.:
      aa) Vermittlung von Arbeitskenntnissen, im Wege des Fortbildungs-, Gewerbe-, Handwerkerschulwesens (sogenannter Fortbildungsschutz);
      bb) Vermittlung von Marktkenntnissen (des Arbeitsmarktes), z. B. durch Arbeitsnachweise, Berufsberatung;
      cc) Vermittlung von Kenntnissen des Rechtsschutzes, z. B. durch Arbeitersekretariate, Rechtsberatungsstellen usw.

II. Die Entziehung von Mitteln der wirtschaftlich zu beeinträchtigenden Klasse. Sie kann erfolgen z. B. im Wege:
1. der Wirtschaftspolitik, z. B. durch Abbau von Schutzzöllen, Versagen von Notenbankkrediten usw.;
2. der Finanzpolitik etwa durch Besteuerung (z. B. Luxussteuer) oder Enteignung (z. B. von Großgrundbesitz).

III. Der unmittelbare Schutz der Persönlichkeit des Arbeitenden im Wirtschaftsprozeß. Er kann erfolgen z. B.:
1. durch Gestaltung betrieblicher Verhältnisse, z. B. Trennung der Waschräume oder der Unterbringung nach Geschlechtern, Ermöglichung der Religionsausübung usw.;
2. als Vertragsschutz, z. B. durch die Beschränkung von Konkurrenzklauseln, Knebelungsverträgen usw.

Doch gehen die Maßnahmen der Sozialpolitik bei der Anstrebung der vorstehend genannten Zwecke nicht gleichmäßig vor, und erst die Unterscheidung, die sich hier ergibt, führt unmittelbar zur Eingliederung der Schlichtung in das System der sozialpolitischen Maßnahmen. Diese Unterscheidung trennt — gleichsam im Querschnitt zu der obigen Dreiteilung — die gedachten sozialpolitischen Maßnahmen wiederum in zwei Gruppen: die eine Gruppe (A) sucht die in jener Dreiteilung angegebenen Zwecke durch eine unmittelbare Einwirkung auf die

II. Bestimmung der Zwecke und des Begriffs der Schlichtung.

einzelnen Angehörigen der Klassen zu erreichen: Unmittelbare Sozialpolitik (z. B. Vorschreibung von Mindestlöhnen in Gruppe I, Luxusbesteuerung in Gruppe II, gesetzlicher Schutz der Religionsausübung, Verbot von Knebelungsverträgen in Gruppe III der obigen Dreiteilung). Die andere Gruppe (B) dagegen sucht die Zwecke der angegebenen Dreiteilung mittels einer Einwirkung auf den Zusammenschluß Mehrerer zu Wirtschaftsorganisationen und Wirtschaftsgemeinschaften zu erreichen. Der Sozialpolitiker wendet sich hier nicht unmittelbar an den Einzelnen, sondern an deren wirtschaftliche Verbände und Selbstverwaltungskörper, die er dabei je nach seinen Zwecken ins Leben zu rufen oder zu fördern, zu beeinträchtigen oder zu sprengen sucht, und läßt insofern der Selbsthilfe, der Selbstverantwortung und Selbstverwaltung der Einzelnen grundsätzlich einen größeren Spielraum. Er nimmt damit den Umweg über die Förderung oder Beeinträchtigung gewisser überindividueller gesellschaftlicher Anstalten, die hier in den Vollzug der Sozialpolitik gleichsam eingeschaltet werden: mittelbare oder veranstaltende Sozialpolitik (z. B. Förderung von gewerkschaftlichen oder genossenschaftlichen Organisationen, von Arbeitsgemeinschaften und dergleichen in Gruppe I, Kartellkontrolle in Gruppe II der obigen Dreiteilung). Im Bereich dieser veranstaltenden Sozialpolitik liegt auch der logische Standort der Schlichtung.

Im näheren handelt es sich bei den Maßnahmen der veranstaltenden Sozialpolitik (ad B) entweder 1. um die Förderung von Organisationen, die der Minderung der Konkurrenz unter den Angehörigen einer Klasse dienen (z. B. von Gewerkschaften auf dem Arbeitsmarkt, von Konsumgenossenschaften auf dem Sachgütermarkt): organisierende Sozialpolitik, oder 2. um Verhinderung, Beeinträchtigung oder Sprengung solcher Organisationen (z. B. sozialpolitisch orientierte Kartellkontrolle): desorganisierende Sozialpolitik, oder 3. um Bildung oder Förderung von Arbeitsgemeinschaften zur Befriedung des Kampfes arbeitsteiliger komplementärer Gruppen um das von ihnen gemeinsam zu erzeugende Produkt (z. B. Förderung von planwirtschaftlichen Gemeinschaftsgebilden, Tarifgemeinschaften oder Betriebsgemeinschaften): vergemeinschaftende Sozialpolitik. Diese zweite Gliederung der wirtschaftlichen Maßnahmen der Sozialpolitik ergibt also etwa folgendes Schema:

A. **Unmittelbare Sozialpolitik:** Sie wendet sich an das einzelne Mitglied der in ihrem Verhältnis zu anderen wirtschaftlich zu beeinflussenden Gruppe, z. B. Minimallohnbegrenzung, Luxusbesteuerung.

B. **Mittelbare oder veranstaltende Sozialpolitik:** Sie verfolgt die sozialpolitischen Ziele auf dem Wege über die Förderung oder Beeinträchtigung gewisser überindividueller Anstalten und Zusammenschlüsse. Sie gliedert sich in:

1. die **organisierende Sozialpolitik:** Der Sozialpolitiker strebt die wirtschaftliche Hebung einer Gruppe an durch Förderung ihres Zusammenschlusses in konkurrenzmindernden Organisationen; z. B. Förderung von Gewerkschaften, Konsumgenossenschaften usw.;

2. die **desorganisierende Sozialpolitik:** Der Sozialpolitiker strebt die wirtschaftliche Beeinträchtigung einer Gruppe (vgl. o. S. 6 ad II) an durch ein Vorgehen gegen ihre Organisierung in derartigen monopolistischen Zusammenschlüssen; nämlich vor allem durch Maßnahmen zur:

    a) **Verhinderung oder Sprengung der Organisierung:** Organisations(Koalitions)-Verbote, z. B. Trustverbote in Amerika, ein Kartellverbot in Peru;

    b) **Entmachtung der Organisierung:** z. B. Kartellbeschränkung durch Gesetzgebung, Handhabung des Wucherrechts, eine entsprechende Zoll- oder Steuerpolitik, durch Zwangssyndizierungen mit Staatsbeteiligung usw.;

3. die **vergemeinschaftende Sozialpolitik:** Der Sozialpolitiker sucht seine Ziele durch eine Förderung (oder Erzwingung) des Zusammenschlusses komplementärer Gruppen, insbesondere der Arbeitsparteien (Arbeitgeber und Arbeitnehmer) in Wirtschafts- und Arbeitsgemeinschaften zu erreichen; z. B. Bildung und Aufrechterhaltung planwirtschaftlicher Gemeinschaftsgebilde, etwa von paritätischen Wirtschaftsräten oder von Arbeitsgemeinschaften der Arbeitgeber und -nehmer (Tarif- und Betriebsgemeinschaften).

Schon in der organisierenden Sozialpolitik (ad B, 1) ist Schlichtung denkbar. So dienen die englischen Demarcation Boards der Beseitigung von Reibungen innerhalb der Arbeiterorganisationen durch Abgrenzung der Berufssphäre[3]. An diesen Einigungsstellen einer, wie wir sie nannten, organisierenden Schlichtung ist die Arbeitgeberschaft naturgemäß nicht beteiligt, sie schlichten nur Streitigkeiten zwischen Arbeitnehmern. Da sie immerhin sehr selten sind, so können wir sie im folgenden außer Betracht lassen.

---

[3] Vgl. E. Bielschowsky, Die sozialen und ökonomischen Grundlagen des modernen gewerblichen Schlichtungswesens. Berlin 1921, S. 131, 135.

II. Bestimmung der Zwecke und des Begriffs der Schlichtung.

Den eigentlichen logischen Ort der Schlichtung dagegen erkennen wir in der vergemeinschaftenden Sozialpolitik (ad B, 3). Fast alle Grundfragen des Schlichtungswesens tauchen hier schon in einer allgemeineren Bedeutung auf und gewinnen vermehrte Klarheit, wenn man sich bewußt bleibt, daß die Schlichtung nur einen Unterfall dieser sozialpolitischen Vergemeinschaftung darstellt. Da in ihrem Bereich insbesondere auch die Antithese Einigungsgrundsatz — Schiedsgrundsatz bereits in einem allgemeineren Sinne aufs deutlichste vorgezeichnet ist, so sei sie hier kurz näher betrachtet.

In jedem Mittelkomplex der wirtschaftlichen (wie übrigens auch aller sonstigen) Produktion wird unter ständigen inneren Kämpfen produziert. Während sie im Kampfe mit dem Konkurrenten den Eintritt in den Produktionskomplex zu erzwingen haben, stehen sich innerhalb dieses Komplexes die Träger arbeitsteiliger komplementärer Produktivkräfte in einer neuen Front gegenüber: sie haben den Kampf mit den Kontrahenten (des Arbeitsvertrags=, Kaufvertrags= usw. =verhältnisses) um die Verteilung des gemeinsam zu erzeugenden Produktes zu führen. Wie der Kampf der Konkurrenten zu deren gemeinsamem Vorteil durch die Organisierung der Anbieter= bzw. Nachfragergruppen (z. B. in Gewerkschaften, Kartellen; Konsumgenossenschaften) befriedet wird, so bedarf auch dieser Kampf der Kontrahenten der Einschränkung verlustreicher offener Wirtschaftskämpfe. Andernfalls würde ja das gemeinsam zu erzeugende Sozialprodukt durch die ständigen Kämpfe um seine Verteilung sich so verringern, daß schließlich nichts mehr zu verteilen bliebe. Diese notwendige Befriedung des Kampfes komplementärer arbeitsteiliger Gruppen gewinnt ein besonderes sozialpolitisches Interesse dann, wenn sich die Kampffront dieser Gruppen deckt mit der Kampffront sozialer Klassen. Hier sucht die vergemeinschaftende Sozialpolitik die Austragung wirtschaftlicher Machtkämpfe in die vertraglichen, parlamentarischen oder in anderer Weise gesetzlichen Formen von Arbeits= oder Wirtschaftsgemeinschaften zu bannen[4]. Das kommt naturgemäß vor allem auf dem Arbeitsmarkt da in Betracht, wo die Träger der verschiedenartigen, aber im Produktionskomplex aufeinander angewiesenen Arbeitskräfte verschiedenen

---

[4] Die sozialpolitische Vergemeinschaftung setzt also mindestens auf einer (der Arbeitnehmer=) Seite eine Vielheit von Personen voraus, da sonst der zu bildenden Gemeinschaft die sozialpolitische Erheblichkeit zu sehr fehlen würde.

Klassen angehören. Wo hier die Organisation der manuellen Arbeiterschaft oder der Angestelltenschaft einerseits, und das (meist gleichfalls organisierte) Unternehmertum andererseits, „Arbeitnehmer" also und „Arbeitgeber", sich zur Ausschaltung leistungslähmender und sozial zerrüttender offener Machtkämpfe in Arbeitsgemeinschaften (z. B. in paritätischen Arbeitskammern oder sonstigen planwirtschaftlichen Gemeinschaftsgebilden, in Tarifgemeinschaften oder Betriebsgemeinschaften) zusammenschließen, liegt der Hauptanwendungsfall der sozialpolitischen Vergemeinschaftung.

Wie alle Unterkategorien des veranstaltenden sozialpolitischen Handelns, so verfolgt auch die vergemeinschaftende Sozialpolitik ihrem Grundgedanken nach das Ziel einer Einschaltung der Selbstverwaltung und Selbstverantwortung der Gruppen in den Vollzug der Sozialpolitik. Je mehr die Volkswirtschaft allgemein eine Gliederung durch korporative Bindungen erfährt, desto näher wird auch diese Art der Einwirkung dem Sozialpolitiker liegen. Bietet sie ihm doch mit den wirtschaftlichen auch starke unmittelbar ideologische Vorteile.

Immerhin wird jenes Grundprinzip der veranstaltenden und insbesondere der vergemeinschaftenden Sozialpolitik, die Einschaltung der Selbstverantwortung und Selbsthilfe der Gruppen, doch von ihr in sehr verschiedenem Grade verwirklicht. Wie jeder Organismus seinen Gliedern, so läßt auch auf dem Gebiete der Sozialpolitik die Zentralstelle den Selbstverwaltungskörpern meist nur einen gewissen Grad autarken Eigenlebens und unterstellt sie im übrigen ihrer zentralistischen Einflußnahme. In Bildung und Betätigung von Arbeitsgemeinschaften beobachten wir daher eine fein gestufte Skala der Übergänge von weitestgehender Freiheit zum strengsten Zwang autoritärer Bindungen.

Je mehr dabei das Prinzip der Freiheit der Gemeinschaftsbildung und der Selbstverantwortlichkeit des Handelns der in der Gemeinschaft zusammengeschlossenen Gruppen (Organisationen) vorherrscht, desto mehr muß der Grundsatz der freien Gleichberechtigung der Parteien, der Grundsatz der Gemeinschaftsparität, in ihrer Verfassung gewahrt bleiben. Denn ohne Wahrung dieses Grundsatzes würden jene Gruppen nicht bereit sein, in die Arbeitsgemeinschaft hineinzugehen bzw. in ihr zu verbleiben. Der Übergang zum Zwang zentralistischer Bindung dagegen bedeutet eine Einflußnahme des Sozialpolitikers auf die inhaltliche Gestaltung der Zusammenarbeit in den Gemeinschaften, insbesondere auf das Machtverhältnis der Gemeinschaftsglieder und die Verteilung des Sozialprodukts unter ihnen. Diese Einflußnahme wird meist entweder mittelbar durch eine entsprechende formal-organisatorische Regelung des Zusammenschlusses erfolgen (etwa durch Vorschreibung qualifizierter Mehrheiten für bestimmte Entschlüsse, Beigebung stimmberechtigter Sachverständiger und Regierungsvertreter, zum Beispiel im Reichswirtschaftsrat); oder sie kann auch unmittelbar durch materielle Verhaltensvorschriften erreicht werden. Jeder solchen Entfernung von dem Grundsatz freier Gleichberechtigung der Parteien und jeder stärkeren Einflußnahme auf den Inhalt der Gemeinschaftsbeschlüsse entspricht dann ein verstärkter Zwang auch der Gemeinschaftsbildung. In dem Maße, in dem so der Sozialpolitiker die Tendenz einer zwangsmäßigen autoritären Bindung der Selbstregelung verfolgt, nähert sich dann das vergemeinschaftende sozialpolitische Handeln dem Punkt, wo die Selbstverantwortlichkeit und Selbstverwaltung der Gemeinschaft, deren Einschaltung in den Vollzug der Sozialpolitik wir als Kennzeichen dieser Kategorie hervorhoben, schließlich so gut wie inhaltslos wird: die Einflußnahme der Sozialpolitik greift dann durch das Gemeinschaftsgebilde hindurch fast unmittelbar auch in die Sphäre des Einzelnen ein, und die Gemeinschaftsbildung grenzt so beinahe nur noch den Personenkreis ab, der einer im Ergebnis unmittelbaren sozialpolitischen Einflußnahme ausgesetzt ist. Insofern schließt sich also der Kreis der in unserem zweiten Schema (S. 8) aufgeführten Kategorien des sozialpolitischen Handelns. Wir beobachten auf dem Gebiet des vergemeinschaftenden sozialpolitischen Handelns eine Erscheinung, die sich, wie angedeutet, ganz entsprechend auch bei den anderen Kategorien des veranstaltenden sozialpolitischen Handelns (ad B, 1 und 2) aufzeigen ließe: Je mehr es die Tendenz zum Zwang verfolgt, desto mehr geht das mittelbare oder veranstaltende sozialpolitische Handeln in gradueller Abstufung in das unmittelbare sozialpolitische Handeln über.

Somit stehen die Maßnahmen des vergemeinschaftenden sozialpolitischen Handelns stets zwischen zwei polaren Tendenzen, der Tendenz zur Freiheit und der Tendenz zum Zwang. Je mehr das Zwangsprinzip in einer sozialpolitischen Gemeinschaftsbildung überwiegt, desto mehr entspricht diese materiell einer unmittelbaren sozialpolitischen Einwirkung auf die in dem Gemeinschaftsgebilde zusammengeschlossenen Gruppen. Und zwar auch

II. Bestimmung der Zwecke und des Begriffs der Schlichtung.

dann, wenn formell (das heißt also zum Beispiel in der juristischen Struktur des betreffenden Gemeinschaftsgebildes) das Prinzip der Selbstverwaltung gewahrt bleibt. Dies wird für unser Thema wichtig, wenn wir nunmehr die Schlichtung als eine Unterkategorie der vergemeinschaftenden Sozialpolitik darzulegen haben werden.

Bei denjenigen sozialpolitisch erheblichen Arbeitsgemeinschaften nämlich, die weitgehend auf dem Prinzip der Selbstverantwortung und freien Gleichberechtigung der in ihnen zusammengeschlossenen Gruppen beruhen, erhebt sich für die Sozialpolitik das Problem ihrer Dauer. Die ausgesprochenen Zwangsgemeinschaften (wie z. B. der deutsche Reichswirtschaftsrat) sind durch den Zwang gesetzlicher Vorschriften gebildet und werden durch ihn auch dann zusammengehalten, wenn heftige Gegensätze in ihnen zur Austragung gelangen. Sie weisen daher durchaus den Charakter ständiger Anstalten auf. Ganz anders verhält es sich mit denjenigen Arbeitsgemeinschaften, bei denen die Sozialpolitik nur mit erleichternder Förderung gleichsam Pate steht, bei denen also die vergemeinschaftende Sozialpolitik ihr Prinzip der Selbstverantwortlichkeit, Selbstverwaltung und freien Gleichberechtigung der Gruppen verhältnismäßig rein verwirklicht. Diese sind als mehr oder weniger unständige Anstalten weit eher einem Zerfall ausgesetzt: Sobald die in ihnen zusammengeschlossenen Gruppen den offenen Machtkampf dem friedlichen, innerhalb der Arbeitsgemeinschaft zu vollziehenden Ausgleich der Interessengegensätze vorziehen — sei es, weil sie schon die Zusammenarbeit in den Formen einer solchen Arbeitsgemeinschaft (z. B. in der Tarifvertragsform) ablehnen, sei es (häufiger), weil sie nur im Augenblick mit den beim Verbleib in der Gemeinschaft erzielbaren Arbeitsbedingungen nicht zufrieden sind —, so ist die Gefahr dieses Zerfalles vorhanden.

Dieser Zerfall solcher Arbeitsgemeinschaften aber kann bekanntlich die Zwecke der Wirtschafts- und Sozialpolitik stark gefährden. Der Wirtschafts- und Sozialpolitiker, der sich den betreffenden Gemeinschaften gegenüber während ihres Bestehens aus bestimmten Gründen eine starke Selbstbeschränkung auferlegte, sieht sich dann häufig zum Eingreifen, zur Erhaltung oder Wiederherstellung der Gemeinschaft, gezwungen. Er erreicht diesen Zweck durch Schlichtung (das heißt Glattmachung, Befriedung) der Arbeitsstreitigkeiten, die die Arbeitsgemeinschaften mit dem Zerfall bedrohen. Wo also der Zerfall einer Arbeitsgemeinschaft durch den

II. Bestimmung der Zwecke und des Begriffs der Schlichtung.

Ausbruch offener Arbeitskämpfe droht oder bereits eingetreten ist, stellt die Schlichtung gleichsam „das fliegende Sanitätskorps des vergemeinschaftenden sozialpolitischen Handelns" (A. Th. d. Schl. S. 354) dar: Durch Ausgleich der Gegensätze hat sie den Riß in der Gemeinschaft zu heilen und den Fortbestand bzw. die Wiederherstellung der Arbeitsgemeinschaft zu ermöglichen.

Schon um die Zuständigkeit der Schlichtung (insbesondere gegenüber der Arbeitsgerichtsbarkeit) genügend scharf abzugrenzen, bedürfen die Arbeitsstreitigkeiten, die so Anlaß zum Eingreifen der Schlichtung geben können, die also schlichtungsfähig sind, einer genaueren Begriffsbestimmung. Die Gesichtspunkte, die hier in Betracht kommen (vgl. „Angewandte Theorie der Schlichtung", a. a. O. S. 357ff.) lassen sich in folgenden drei Punkten zusammenfassen:

a) Schlichtungsfähig sind Machtstreitigkeiten, nicht Rechtsstreitigkeiten. Es geht bei den der Schlichtung unterliegenden Streitfällen also nicht um die Handhabung, Auslegung oder das Bestehen gesetzlicher oder vertraglicher Normen (z. B. des Tarifvertrages oder einer Arbeitsordnung), sondern um Waffenstillstände in wirtschaftlichen Machtkämpfen des Arbeitsmarktes bzw. um die Verhütung eines offenen Ausbruchs dieser Kämpfe. Während Recht (auch bei Auslegung von oder Streit über das Bestehen von Verträgen) letztlich immer Normanwendung bedeutet, bedeutet Macht Willensbeeinflussung, Zielbeeinflussung, Normbeeinflussung. Sie kommt für die zu schlichtenden Streitigkeiten besonders als wirtschaftliche Macht in Betracht, die diese Normbeeinflussung vor allem durch Kürzung bzw. Vorenthaltung von Mitteln (z. B. von Arbeitskräften im Streik) vollzieht. Freilich können Rechtsstreitigkeiten den Anlaß auch zu Machtkämpfen geben, wenn zum Beispiel eine Gewerkschaft die Rücknahme einer Kündigung, deren Unrechtmäßigkeit sie geltend macht, daneben auch durch Streik zu erzwingen versucht. Auch in solchen Fällen aber wird nie der Rechtsstreit selbst durch die Schlichtung entschieden, vielmehr lediglich der um sie entbrannte oder drohende Machtkampf beigelegt. Die entsprechenden Rechtsstreitigkeiten gehören in Deutschland bekanntlich vor die Arbeitsgerichte. Die im deutschen Arbeitsrecht und auch in der Schlichtungsliteratur[5] heute herrschende Gegenüberstellung:

---

[5] Vgl. z. B. J. Feig, Art. „Schlichtungswesen" im Handb. f. Staatsw. 4. Aufl., Bd. VII, S. 232.

Interessenstreitigkeiten — Rechtsstreitigkeiten suchten wir (a. a. O. S. 358) als fehlerhaft zu erweisen.

b) **Schlichtungsfähig sind Gesamtstreitigkeiten, nicht Einzelstreitigkeiten.** Mindestens auf der Arbeitnehmerseite muß also eine Vielheit von Personen an der Machtstreitigkeit beteiligt sein. Das ergibt sich aus unserer obigen Bestimmung der Schlichtungszwecke. Denn wenn die Schlichtung Arbeitsgemeinschaften in ihrem Bestand erhalten bzw. wiederherstellen soll, so sahen wir oben (Anm. 4), daß die sozialpolitische Vergemeinschaftung mindestens auf einer Seite eine Vielheit von Personen voraussetzt. Diese Auffassung ist auch im Arbeitsrecht anerkannt. Die zahlenmäßigen Mindestgrenzen, an die die Schlichtungsberechtigung von Arbeitnehmergruppen hier vielfach (z. B. in Australien) geknüpft ist, erscheint unbedenklich. Denn sobald eine Streitsache sehr weniger Arbeitnehmer die Belange einer beträchtlicheren Arbeitnehmergruppe berührt, braucht diese die Einzelstreitigkeit nur durch Parteinahme zu einer Gesamtmachtstreitigkeit und damit schlichtungsfähig zu machen. Majorisiert werden ja insbesondere bei Streikbeschlüssen oft auch größere Gruppen von Arbeitnehmern.

c) **Schlichtungsfähig sind Kämpfe um Arbeitsbedingungen, nicht alle Kämpfe, bei denen die Arbeitsverweigerung das Mittel der Austragung bildet.** Einerseits sind also auch solche Gesamtmachtstreitigkeiten schlichtungsfähig, die nicht durch Streiks, passive Resistenz oder andere Formen der Arbeitsvorenthaltung, sondern durch Boykotts, Label-System und dergleichen ausgefochten werden. Andererseits aber fällt die Beilegung von politischen und Sympathiestreiks nach unserer Zweckbestimmung nicht in den Aufgabenkreis der Schlichtung. Denn die Streitfälle, um die es sich hier handelt, sind nicht in der Arbeitsgemeinschaft der Parteien begründet; dagegen spricht man dann, wenn eine in der Arbeitsgemeinschaft begründete Einzelstreitigkeit innerhalb dieser Gemeinschaft durch Parteinahme sich zu einer Gesamtmachtstreitigkeit auswirkt — s. oben ad b, am Ende —, nicht von Sympathie-, sondern von „Wirkungsstreitigkeiten"[6].

---

[6] H. Dietz, der Urheber dieser Bezeichnung, ferner auch G. Flatow (in Soziale Praxis, 30. Jahrg., H. 46, 48), wollen allerdings diese „Wirkungsstreitigkeiten" gleichfalls aus dem Aufgabenkreis der Schlichtung ausweisen. Mit Unrecht, wie wir (a. a. O. S. 359, Anm. 1) nachzuweisen versuchten.

II. Bestimmung der Zwecke und des Begriffs der Schlichtung.

Als „Patienten" der vergemeinschaftenden Sozialpolitik können grundsätzlich alle Arbeitsgemeinschaften die Schlichtung in Tätigkeit setzen, die dem Zerfall durch den Ausbruch derartiger offener Arbeitskämpfe ausgesetzt sind. Als solche unständigen Arbeitsgemeinschaften aber kommen heute vor allem die Tarifgemeinschaften und die Betriebsgemeinschaften in Betracht, die bekanntlich die Parteien des Tarifvertrages bzw. der Betriebsvereinbarung (insbesondere der Arbeitsordnung) zusammenschließen.

Nach allem ergibt sich uns folgende Bestimmung der Schlichtungszwecke: Zweck oder Aufgabe der Schlichtung ist es, die Verhütung bzw. Beilegung offener Arbeitskämpfe zur Erhaltung bzw. Wiederherstellung unständiger Arbeitsgemeinschaften (insbesondere von Tarif- und Betriebsgemeinschaften) nach Maßgabe der allgemeinen Zweckgesichtspunkte des sozial- und wirtschaftspolitischen Handelns zu erreichen[6a]. Nehmen wir in diese Definition ihrer Zwecke noch einen Hinweis auch auf die Mittel der Schlichtung auf, die, wie wir sehen werden, unter den Bezeichnungen Einigung und Schiedsspruch zusammenzufassen sind, so ergibt sich folgender Begriff der Schlichtung: Schlichtung bedeutet den Inbegriff derjenigen Maßnahmen des sozial- und wirtschaftspolitischen Handelns, die zur Erhaltung bzw. Wiederherstellung unständiger Arbeitsgemeinschaften (insbesondere von Tarif- oder Betriebsgemeinschaften) offene Arbeitskämpfe durch Einigung oder Schiedsspruch verhüten bzw. beilegen sollen.

Die dargelegte Bestimmung der Schlichtungszwecke stellt durch ihre Bezugnahme auf die „allgemeinen Gesichtspunkte des sozial- und wirtschaftspolitischen Handelns" den Zusammenhang mit den Zwecken der Sozialpolitik überhaupt her. Erinnern wir uns an die Abgrenzung, mit der wir (oben S. 4) auch den Begriff der Sozialpolitik von ihren Zwecken her bestimmten, so sehen wir die Schlichtungszwecke auf den unteren Stufen einer Zweckpyramide, in der jeder obere Zweck richtunggebend, aber auch maßgebend für die ihm folgenden ist.

[6a] Vgl. dazu auch unsere Auseinandersetzung mit den bisherigen Versuchen einer Bestimmung der Schlichtungszwecke in A. Th. d. Schl., S. 351 ff. Über die neuerdings von Sitzler vertretene Aufgabenbestimmung, die neben den hier genannten Zwecken noch den lohnpolitischen Gesichtspunkt enthält, siehe unten S. 29.

Wie man aus den beiden Abgrenzungen (der Sozialpolitik und der Schlichtungszwecke) leicht ablesen kann, lautet die Zweckstufenfolge, die sich uns so ergibt:

1. oberste Zwecke der Volksgemeinschaft;
2. Abschwächung der Klassengegensätze;
3. Sicherung bzw. Wiederherstellung von Arbeitsgemeinschaften, insbesondere Tarif- und Betriebsgemeinschaften;
4. Verhütung bzw. Beilegung offener Arbeitskämpfe.

Dies wird für später festzuhalten sein.

III. Einigungs- und Schiedsgrundsatz als Spannungspole der Schlichtungsmittel.

Die Mittel der Schlichtung sind zunächst natürlich ausgerichtet auf die dargestellten Zwecke der Schlichtung. Innerhalb dieser Ausrichtung aber ist jene Abstufung vom Prinzip möglichster Freiheit und Selbstverantwortung zum Prinzip des Zwanges autoritärer Bindung hier von großer Bedeutung, die wir soeben schon darlegten. Die Schlichtung hat sie mit allen übrigen Kategorien der vergemeinschaftenden Sozialpolitik gemeinsam[6b], obzwar in einem besonderen Sinne: Solange das Bestehen der unständigen Arbeitsgemeinschaften (Tarif- und Betriebsgemeinschaften), deren Erhaltung die Schlichtung sich zur Aufgabe macht, nicht bedroht ist, legt sich die vergemeinschaftende Sozialpolitik, wie wir sahen, ihnen gegenüber eine weitgehende Zurückhaltung auf. In der Skala von Einwirkungsmöglichkeiten, die zwischen jenen Spannungspolen: Freiheit und Zwang liegt, steht hier also die vergemeinschaftende Sozialpolitik dem ersten Prinzip nahe, dem zweiten Prinzip fern. Wird das Bestehen dieser Gemeinschaften bedroht, so entfernt sich die vergemeinschaftende Sozialpolitik auch in der Schlichtung von jenem Prinzip der Freiheit und Selbstverantwortlichkeit der Parteien stets nur so weit, als erforderlich, um den unmittelbarsten Zweck der Schlichtung, die Erhaltung bzw. Wiederherstellung

---

[6b] Ganz wie wir das hier auf dem Gebiet des Schlichtungswesens für Einigungs- und Schiedsgrundsatz aufzuzeigen haben werden, entspricht z. B. auf einem anderen Gebiet der vergemeinschaftenden Sozialpolitik, in der Sozialversicherung, der Versicherungs- und Versorgungsgrundsatz der genannten polaren Antithese.

III. Einigungs- und Schiedsgrundsatz als Spannungspole der Schlichtungsmittel.

jener Arbeitsgemeinschaften zu erreichen. Während also die sonstigen Maßnahmen der vergemeinschaftenden Sozialpolitik hinsichtlich ihrer Orientierung am Freiheits- oder Zwangsprinzip die einmal eingeschlagene Richtung meist festhalten, so zeigt die Schlichtung in dieser Hinsicht viel mehr Elastizität: gleichsam hilfsweise springt sie stets nur insoweit in die Bresche, als der Gemeinschaftswille der Parteien selbst zur Aufrechterhaltung der Arbeitsgemeinschaften nicht ausreicht. Niemals also ist die Schlichtung Selbstzweck, ihre Mittel sind immer nur subsidiär. Auch im spätesten Stadium der Verhandlungen bleibt es stets die vornehmste Aufgabe des Schlichters, sich selbst überflüssig zu machen, und der erfolgreichste Schlichter ist insofern der, der keine statistisch erfaßbaren Erfolge zu verzeichnen hat[7]. So durchlaufen die Maßnahmen der Schlichtung im Rahmen ein und derselben grundsätzlichen Regelung oft — aber stets nur nötigenfalls — eine ganze Skala von Schlichtungsmitteln, von der weitgehendsten Freilassung der individuellen Initiative und Selbstverantwortung der Gruppen bis zur strengsten Bindung der widerstrebenden Parteien. Kennzeichnend erst für die unterschiedlichen Arten der Schlichtungsregelungen oder Schlichtungssysteme ist dabei vor allem, wie weit sie auf dieser Skala der Schlichtungsmöglichkeiten in der autoritären Bindung der Parteien nötigenfalls zu gehen gestatten.

Jenen beiden Spannungspolen der vergemeinschaftenden Sozialpolitik überhaupt, Freiheit und Zwang, entsprechen daher auch auf dem Gebiet der Schlichtung zwei polar entgegengesetzte Grundsätze: Am Anfang und Ende jener Skala der Schlichtungsmöglichkeiten stehend, kennzeichnen sie die Abstufung der Schlichtungsmittel: Jeder der beiden Grundsätze ist dabei in jeder der Schlichtungsmaßnahmen wiederzuerkennen, aber je nach dem Maße, in dem der eine oder andere Grundsatz in der Art der Schlichtung vorherrscht, ordnen beide Grundsätze die Maßnahmen der Schlichtung zur Skala eines graduellen, nämlich polaren Übergangs von einem Grundsatz zum andern.

Der eine Grundsatz läßt der Freiheit, der Selbsthilfe und Selbstverantwortung der Parteien den weitest möglichen Spielraum. Er beschränkt die Schlichtung auf Maßnahmen zur bloßen Erleichterung

---

[7] Dies begrenzt die Brauchbarkeit aller Schlichtungsstatistik, die allerdings in Deutschland außerdem auch noch höchst mangelhaft entwickelt ist.

jener freiwilligen Einigung der Parteien, deren Versagen die Schlichtung ja erst erforderlich macht: **Einigungsgrundsatz**. Werden hier die Zwecke, denen die Schlichtung dient, den Parteien nur mit größter Zurückhaltung nähergebracht, so braucht der andere Grundsatz zur Erreichung dieser Zwecke Gewalt. Der Streit der Parteien, der ihre Arbeitsgemeinschaft bedroht oder hindert, wird autoritativ entschieden, auf der Basis dieser Entscheidung wird zur Erhaltung bzw. Wiederherstellung dieser Arbeitsgemeinschaft unter den Parteien gleichsam eine Zwangsehe gestiftet: **Schiedsgrundsatz**.

Es dürfte nicht leicht zu ermitteln sein, woher letztlich der besonders in Lehrbüchern verbreitete Irrtum stammt, die Einigungsämter sollten dem Ausbruch von Streitigkeiten vorbeugen, während die Schiedsgerichte bereits ausgebrochene Streitigkeiten wieder beizulegen hätten. So schreibt zum Beispiel Charles Gide in seinen „Grundsätzen der Volkswirtschaftslehre"[8] u. a.: „Man muß Einigungsamt und Schiedsgericht auseinanderhalten... Die Einigung wird versucht, ehe der Konflikt ausgebrochen ist, um ihn zu verhindern. Das Schiedsverfahren tritt erst in Tätigkeit, wenn der Konflikt schon lange Zeit andauert, um ihn beizulegen." Diese Art der Gegenüberstellung ist zunächst schon logisch unzureichend, insofern sie die Polarität unserer Antithese völlig übersieht. Der Unterschied ist aber auch historisch (insbesondere in der Wirksamkeit Mundellas und Kettles, die als Vertreter des Einigungs- und des Schiedsgrundsatzes ja oft einander gegenübergestellt werden) nicht nachzuweisen. — Etwas näher kommt es schon dem Wesen unserer Antithese, wenn Gide (a. a. O.) fortfährt: „Beim Einigungsverfahren sind beide Teile anwesend, um miteinander zu verhandeln, um einander zu überzeugen. Beim schiedsgerichtlichen Verfahren interveniert immer ein Dritter, der nicht den Parteien angehört, ein Unparteiischer, der Schiedsrichter. Er ist es, den die Parteien zu überzeugen sich bemühen, wie die Anwälte den Richter." Aber auch diese Kennzeichnung ist noch zu äußerlich und symptomatisch. Die Zuziehung eines unparteiischen Vorsitzenden, wie sie in der englischen Entwicklung bekanntlich besonders durch Kettle angewendet wurde, liegt zwar in der Richtung des Schiedsgrundsatzes. Erst die Absicht und die Befugnisse aber, mit denen die Schlich-

---

[8] Charles Gide, Grundsätze der Volkswirtschaftslehre. 25. Aufl., Ausgabe A, 1928. Kapitel: Die Einigungsämter und Schiedsgerichte. S. 150, 151.

tungskammer als solche (gleichviel ob vor oder nach offenem Ausbruch des Streits) gegenüber den Parteien tätig wird, sind in ihrer Gesamtheit entscheidend dafür, ob sie mehr als Einigungsstelle oder mehr als Schiedsamt anzusehen ist. Eine Schlichtungskammer mit unparteiischem Vorsitzenden kann auch sehr ausgesprochen nur Einigungsstelle sein.

Jedenfalls kann also die Unterschiedlichkeit von Einigungs- und Schiedsgrundsatz nicht dadurch gekennzeichnet werden, daß man einzelne organisatorische oder sonstige Eigentümlichkeiten der Schlichtungstätigkeit herausgreift und einander in ihrer verschiedenen Orientierung gegenüberstellt. Dagegen seien hier zunächst die bezeichneten Übergangsformen der Schlichtungsmittel, die von dem einen dieser beiden Grundsätze zum andern, die also von der Einigungsstelle reinster Ausprägung bis zum Schiedsamt ausgesprochenster Art hinführen[9], in ihrer Gesamtheit kurz dargestellt.

Die Einigungsstellen reinster Ausprägung sind die sogenannten tariflichen oder freien Einigungsstellen. Begründet überwiegend durch Tarifvertrag, eventuell auch durch Betriebsvereinbarung, sind sie meist paritätisch aus Parteivertretern zusammengesetzt, können aber auch mit Vorteil uninteressierte Personen (als Vorsitzenden oder als Beisitzer) zu ihren Mitgliedern zählen. Unterwerfen sich hierbei die Arbeitsparteien einem Zwang zur Durchführung eines ergangenen Schlichtungsentscheides, so tun sie es freiwillig. Das autoritative Moment der Schlichtungsregelung beschränkt sich hier darauf, die Vereinbarung der tariflichen Einigungsstellen durch die Parteien anzuregen oder (möglicherweise mit Bestimmungen für das anzuwendende Verfahren) vorzuschreiben. Die nächste Form auf dem Wege zum Schiedsgrundsatz geht dann etwa zur Errichtung einer gleichfalls paritätisch zusammengesetzten, unständigen oder ständigen, aber jedenfalls staatlichen Einigungsstelle über. Vor ihr erscheinen die Parteien auf

---

[9] Die Organe der Schiedssprechung sind von den Organen der zivilrechtlichen Schiedsgerichtsbarkeit zu unterscheiden. Daher und wegen der contradicto in se, die das Wort „Einigungsamt" bei richtiger Erkenntnis des grundsätzlich gerade unamtlichen Wesens der Einigung enthält, empfiehlt sich die Gegenüberstellung „Einigungsstelle — Schiedsamt" terminologisch mehr als die gegenwärtig bevorzugten Bezeichnungen „Einigungsamt — Schiedsgericht". Aus dem erstgenannten Grunde sollte man auch nicht von „Schiedsgerichtsbarkeit" sprechen, wenn man „Schiedssprechung" oder „Schiedswesen" meint.

eigenes Nachsuchen beider oder einer von ihnen oder auch auf Anregung der Einigungsstelle; jedoch beides, Anrufung der Stelle und Erscheinen vor ihr, ist freiwillig, die Parteien haben das Recht, aber nicht die Pflicht zur Inanspruchnahme des Einigungsorgans. Erfolgt die Anrufung und erscheinen die Parteien, so sucht die Einigungsstelle sie zur friedlichen Einigung oder zur freiwilligen Unterwerfung unter einen Einigungsvorschlag zu bringen. Dieser wird mit Stimmenmehrheit von den Mitgliedern der Einigungsstelle beschlossen. Ein weiterer Einschlag zum Schiedsgrundsatz fügt dabei einen stimmberechtigten unparteiischen Vorsitzenden hinzu (Kettle) und verpflichtet auch wohl die Parteien für den Fall des Ausbruches eines schlichtungsfähigen Streitfalls zur Anrufung der Einigungsstelle (sogenannter Anrufungszwang). Damit verbinden dann viele Regelungen auch schon die Verpflichtung der Parteien, vor der Einigungsstelle zu erscheinen und sich auf die Verhandlung vor ihr einzulassen (sogenannter Erscheinens- und Verhandlungszwang als Einlassungspflicht der Parteien).

Sind somit die Arbeitsparteien mit Güte oder Zwang zunächst einmal an einen Tisch gebracht, so entspricht bei der Betreibung des Schlichtungsverfahrens vor der Schlichtungsstelle dem Einigungsgrundsatz ein weitgehender Parteibetrieb. Dieser vermittelt dem Schlichtungsorgan die Kenntnis der Tatsachen, auf die er den Einigungsvorschlag zu stützen hat, vor allem durch die freiwilligen Vorträge der Parteivertreter, daneben nur durch solche Zeugen, mit deren Vernehmung beide Parteien einverstanden sind. Tatsachen also, die einer Partei unbequem, ihrem Gegner aber nicht bekannt sind, fallen dabei unter den Tisch. Mehr dem Schiedsgrundsatz demgegenüber entspricht die Untersuchungsmaxime. Hier kann dem Schlichtungsorgan das Recht zur Vernehmung auch solcher Zeugen und Sachverständigen erteilt sein, die nur von einer Partei benannt sind oder die die Schlichtungsstelle selbst von Amts wegen bestimmt. Dadurch ist der Weg zur Ergänzung des Verhandlungsergebnisses auch durch Enqueten und Sachverständigengutachten geöffnet. Eine Auskunftspflicht, eventuell unter Eideszwang, der Parteien und Zeugen stellt hierbei die stärkste Annäherung des Verfahrens an den Schiedsgrundsatz dar. — Auch die Regelung der Abstimmung innerhalb eines mehrköpfig besetzten Schlichtungsorgans (sogenannter Schlichtungsausschuß oder Schlichtungskammer) gestattet ähnliche Abstufungen im Sinne unserer Skala

III. Einigungs- und Schiedsgrundsatz als Spannungspole der Schlichtungsmittel. 21

vom Einigungs- zum Schiedsgrundsatz. Hier sind die Rechte besonders wichtig, die der Vorsitzende im Falle einer Stimmengleichheit der Parteibeisitzer hat. Stehen sich nämlich deren Stimmen, wie nicht selten der Fall ist, unversöhnlich gegenüber, so daß eine Mehrheit unter ihnen nicht zu erzielen ist, so kann der Vorsitzende verpflichtet sein, die Erfolglosigkeit der Verhandlungen zu erklären. Er kann daneben das Recht haben, durch seine Stimme der Ansicht einer der beiden Parteien den Ausschlag zu geben. Er kann aber auch — was wohl fast stets unzweckmäßig ist, nach einer bestehenden Auslegung der heutigen deutschen Regelung aber entspricht — die Pflicht haben, dies zu tun. Und er kann schließlich auch berechtigt sein, selbst einen Schiedsspruch nach eigenem Ermessen — also unabhängig von den Ansichten der beiden Parteien — zu fällen (so in Deutschland bis zum Reichsgerichtsurteil vom 22. Januar 1929, das diese Übung des Alleinentscheids für unzulässig erklärte). Weitere Varianten hin zum Schiedsprinzip können dadurch gebildet werden, daß man Beisitzer oder stimmberechtigte Sachverständige, die beruflich keiner Partei nahestehen, neben oder an die Stelle der Parteibeisitzer setzt. Am meisten dem Schiedsgrundsatz entspricht hier endlich die ausschließliche Verwendung beamteter Schlichtungsorgane. Diese erfährt freilich wieder noch verschiedene Abstufungen hin zum Schiedsgrundsatz durch die verschiedene Gestaltung des Verhältnisses, in dem die beamteten Schiedsorgane zum Träger der staatlichen Lohnpolitik stehen. Der mit höchstrichterlicher Unabhängigkeit ausgestattete, also insbesondere nicht absetzbare beamtete Schlichter kann — von unsachlichen Gesichtspunkten abgesehen — allenfalls durch die Informationen der staatlichen Stellen im Sinne der Lohnpolitik der Regierung beeinflußt werden. Der etwa vom Arbeitsminister mehr oder weniger generell instruierte politische Beamte hingegen stellt kaum verschleiert ein Werkzeug dieser Lohnpolitik dar. Läßt vollends die Schlichtungsregelung eine obrigkeitliche Instruierung des beamteten Schlichters selbst für den einzelnen Streitfall zu, so ermöglicht das eine unmittelbar staatliche Regelung der Arbeitsbedingungen im engsten Sinne des Schiedsgrundsatzes.

Bei diesen Graden der Durchsetzung des Schiedsgrundsatzes sind dann bereits Schlichtungsentscheide (Einigungsvorschläge oder Schiedssprüche) häufig, die nicht die Zustimmung beider oder auch nur einer Partei finden. Haben sich dann die Parteien im voraus durch Abschluß eines Schiedsvertrages dem Schlichtungsentscheid bindend unterworfen, so ist die Verwirklichung des Schiedsspruchs zwar damit noch nicht faktisch gesichert, aber diese Frage ist dann doch wenigstens grundsätzlich gelöst. Denn dann treten gegen eine vertragsbrüchige Partei die Zwangsmittel automatisch in Kraft, die der Schiedsvertrag vorsieht, sei es, daß er besondere Vertragsstrafen vereinbart oder sei es, daß er die bloßen zivilrechtlichen Zwangsvollstreckungsmittel in Wirkung setzt. Daher und weil die Parteivertreter eine solche Blankounterwerfung den hinter ihnen stehenden Kreisen gegenüber oft leichter durchsetzen als die Unterwerfung unter einen ergangenen ungünstigen Entscheid, wirkt das Schlichtungsorgan häufig vor Eintritt in die Verhandlungen auf den Abschluß eines derartigen Schiedsvertrages hin, ja diese Blankounterwerfung wird mitunter — so besonders in den Vereinigten Staaten — auch zur Vorbedingung des Einigungsverfahrens oder doch der Erlassung eines Schiedsspruchs gemacht. Fehlt eine solche Vorausunterwerfung und nehmen die Parteien auch nachträglich den Spruch nicht an oder halten sie sich nicht an die auf Grund seiner Annahme ihnen obliegenden Verpflichtungen, so erhebt sich die Frage des Zwanges zur Verwirklichung der Schlichtung im Wege der Durchsetzung des Schlichtungsentscheids.

Auf diesem Gebiete vor allem setzt sich dann die Abstufung unserer Skala hin zum Schiedsgrundsatz fort: Allgemein können die Maßnahmen des Zwanges den Antrag einer der Parteien voraussetzen, oder, was dem Schiedsgrundsatz mehr entspricht, sie können auch ohne oder gegen den Willen beider Parteien vom Schlichtungsausschuß oder seinem Vorsitzenden selbst eingeleitet werden. Als mildeste, dem Einigungsgrundsatz am meisten entsprechende Form des Zwanges selbst nimmt dann die Schlichtung den Druck der öffentlichen Meinung durch Veröffentlichung des Schlichtungsentscheides und seiner Gründe in Anspruch. Stärker greift schon die Regelung durch, die dem Schlichtungsentscheid, sei es unmittelbar, sei es im Wege einer besonderen möglichen Verbindlicherklärung, bestimmte Rechtskraftwirkungen verleiht. Die Bedeutung des Entscheides kann dabei bekanntlich durch eine sogenannte Allgemeinverbindlichkeitserklärung auch auf diejenigen Arbeitgeber- und Arbeitnehmergruppen ausgedehnt werden, die am Schlichtungsverfahren selbst nicht unmittelbar beteiligt waren. Der Verbindlicherklärung des Spruches wird seine Annahme durch die Parteien oder auch die vorherige Unterwerfung der Parteien unter den Spruch meist gleichgesetzt. Diese Regelung setzt dann entweder eine zivilrechtliche Bindung der Parteien oder einen strafrechtlichen Druck auf sie in Kraft. Eine Mittelform bilden die sogenannten Bußen. Sie drücken gegenüber den Kriminalstrafen ein geringeres Maß staatlicher Mißbilligung (und demgemäß: Infamierung) aus, engagieren dafür aber auch die Autorität des Staates im Falle erfolgreicher Zuwiderhandlung nicht so stark wie jene.

Die zivilrechtliche Bindung setzt, wie schon angedeutet, Vertragsform des Schlichtungsentscheids voraus, der dann also formell eine Einigung vorschlägt. Der Abschluß dieses Einigungsvertrages wird mit dem Verbindlichwerden des Spruchs fingiert, mag die Verbindlichkeit nun unmittelbar mit seiner Fällung gegeben sein oder mag sie auf einer besonderen Verbindlicherklärung, auf der Annahme des Spruchs oder vorheriger Unterwerfung der Parteien beruhen. Aus dem damit begründeten Zwangsvertrag erhalten die Parteien so die zivilrechtlichen Klagen und Vollstreckungsmittel gegen die Organisation, die ihrer Friedenspflicht nicht nachkommt, die also zum Beispiel ihre Mitglieder entgegen dem Schiedsspruch zu Streik oder Aussperrung veranlaßt (so die deutsche Schlichtungsverordnung von 1923). Inwieweit der Zwangsvertrag unmittelbar auch in das einzelne Arbeitsverhältnis der Mitglieder der Arbeitgeber- und Arbeitnehmergruppen eingreift, hängt dann von der Ausgestaltung des allgemeinen Tarifrechts bzw. Betriebsrechts ab. Dieses kann hier zum Beispiel den Rahmencharakter und die Unabdingbarkeit der Tarifverträge einseitig zugunsten der Arbeitnehmer vorsehen, wie das gegenwärtig in Deutschland der Fall ist. — Die zivilrechtliche Bindung der beiden Organisationen an die Friedenspflicht kann in jedem Falle sehr schwach sein, dann nämlich, wenn die zu bindende Organisation wenig Vermögen besitzt, das für die Zwangsvollstreckung erfaßbar wäre. Dies kann nicht nur auf der Arbeitnehmerseite zutreffen, sondern auch auf der Arbeitgeberseite so eingerichtet werden. Wirkungsvoller ist in diesem Falle nur der verstärkte Druck der öffentlichen Meinung, der dann meist den Widerspenstigen trifft. Stärker wird die Wirksamkeit der zivilrechtlichen Bindung bereits, wenn die Rechtsverbindlichkeit des Schiedsspruchs die zivilrechtlichen Klagen und Vollstreckungsmittel aus dem Zwangsvertrag auch gegen die einzelnen Mitglieder der Organisationen begründet. Immerhin bleibt sie auch in diesem Falle jedenfalls gegenüber dem Arbeitnehmer gering.

24 III. Einigungs- und Schiedsgrundsatz als Spannungspole der Schlichtungsmittel.

Eine Art der Verwirklichung der zivilrechtlichen Bindung, die noch am ehesten eine gleiche Durchsetzbarkeit des Schiedsspruches gegen Arbeitnehmer wie Arbeitgeber erhoffen läßt, ist neuestens in Australien bei den Plänen einer Reform des dortigen, bekanntlich stark am Schiedsgrundsatz orientierten Schlichtungswesens vorgeschlagen worden. Sie besteht darin, daß von den Organisationen der beiden Arbeitsparteien vor Eintritt in die Schiedsverhandlungen die Stellung beträchtlicher Kautionen verlangt wird, die im Falle einer Nichtbefolgung des verbindlichen Schiedsspruchs zugunsten der Staatskasse verfallen. Ideal ist freilich auch dieser Ausweg wohl nicht. Werden nämlich die Kautionen beiden Teilen gegenüber gleich hoch bemessen, so wird die materiell schwächere Arbeitspartei einem wirksameren Zwang unterworfen als die zahlungsfähigere, während doch eher noch das Umgekehrte zu wünschen wäre. Eine ungleich hohe Bemessung der Kautionen aber würde die Unzufriedenheit des dabei stärker belasteten Teils in hohem Maße erregen und damit für die bevorstehenden Schlichtungsverhandlungen eine überaus ungünstige Atmosphäre schaffen. Eine gegenüber beiden Teilen wirklich gleiche Durchsetzbarkeit ist eben bei der zivilrechtlichen Bindung schlechterdings nicht zu erreichen.

Dies gilt aber auch für die strafrechtliche Bindung. Bekanntlich hat in Australien selbst die Androhung von Kriminalstrafen gegen streikende Arbeiter, verbunden mit der Durchführung von Gefängnisstrafen gegen die Führer ihrer Organisationen und hoher Geldstrafen (1000 Pfund Sterling) gegen die Organisationen selbst den Ausbruch umfangreicher Streiks nicht verhindern können. So schädigten diese Strafdrohungen nur die Autorität des Staates, der sie gegen die Massen der einzelnen Arbeiter nicht durchführen konnte. Der Gedanke, einen Menschen durch Strafen zu einer Arbeit zu zwingen, ist auch für das allgemeine Rechtsgefühl nur dann erträglich, wenn unmittelbare Lebensinteressen der Allgemeinheit diesen Zwang erfordern. Die viel weniger zahlreichen Unternehmer sind im Falle ungesetzlicher Aussperrung viel leichter durch Kriminalstrafen und Bußen zu treffen. Fälle erfolgreichen Widerstandes gegen energischen gesetzlichen Zwang sind hier jedenfalls nicht bekanntgeworden.

Auch nur den Unternehmern gegenüber sehr wirksam sind gewisse mittelbare Zwangsmittel, die wir (A. Th. d. Schl. S. 367) als „Unterstützung des Gegners der widerspenstigen Partei" zusammen=

faßten. Diese erfolgt meist durch Gewährung von Arbeitslosenunterstützung an die Arbeitnehmer, bzw. durch Zurverfügungstellung von Hilfsarbeit einer meist staatlich organisierten freiwilligen Arbeitstruppe an die Arbeitgeber. Gegen die Arbeitgeber wurde dieses Mittel 1928 in Belgien gesetzlich vorgesehen, und auch zum Beispiel bei der Aussperrung im Ruhr-Eisenkonflikt vom November 1928 spielte bekanntlich die Auszahlung von Arbeitslosenunterstützungen eine Rolle. Gegen die Arbeitnehmer erfolgte die Einsetzung freiwilliger Arbeitsformationen bisher nur zum Zwecke der Aufrechterhaltung gemeinnütziger Betriebe zum Beispiel in Deutschland („Technische Nothilfe"), England und im September 1928 auch in Australien. Insoweit wurde die Anwendung dieses Mittels vorwiegend auch von der öffentlichen Meinung unterstützt. Außerhalb der gemeinnötigen Betriebe aber wird sie kaum weitgehend durchführbar sein, insbesondere nicht gegen die Arbeitsniederlegung qualifizierter Arbeitnehmer.

Nach allem läßt eine autoritative Festsetzung von Arbeitsbedingungen durch Zwangsschlichtung sich gewöhnlich — von der „Schützengrabenandrohung" im Kriege sehen wir ab — gegen die Arbeitnehmer nicht mit dem gleichen Nachdruck durchsetzen wie gegen die Arbeitgeber.

Die dargestellte Stufenfolge von Schlichtungsmöglichkeiten ließe sich in der Vielgestaltigkeit ihrer Abstufungen zwischen Einigungs- und Schiedsgrundsatz noch um manche Variante vermehren. Um aber einige Übersichtlichkeit in ihre Darstellung zu bringen und die Bezugnahme auf die dargelegten Ergebnisse zu erleichtern, teilten wir (a. a. O. S. 368) den gesamten Vorgang der Schlichtung ein in drei Stadien, die Vorbereitung (Einleitung), die Betreibung und die Verwirklichung der Schlichtung. Für jedes dieser drei Stadien ließ sich die gedachte Abstufung der Schlichtungsmittel vom Einigungs- zum Schiedsgrundsatz nachweisen. Die markantesten der Schlichtungsmittel, die in dieser Abstufung für jedes der drei Schlichtungsstadien in Betracht kommen, faßten wir dabei in einer Übersicht zusammen, die (mit einigen durch die vorstehenden Ausführungen noch bedingten Erweiterungen) hier wiedergegeben sei:

I. Vorbereitung (Einleitung) der Schlichtung:

1. Anregung oder Vorschreibung freier tarifvertraglicher Einigungsstellen. 2. Recht der Parteien zur Benutzung einer staat-

lichen Einigungsstelle, eventuell vorbedingt durch Abschluß eines Schiedsvertrages. 3. Zwang zu deren Anrufung ohne Einlassungszwang. 4. Zwang zum Erscheinen und Verhandeln vor dieser Stelle, bei Anrufung durch eine Partei oder daneben auch auf Initiative des Vorsitzenden.

II. Betreibung der Schlichtung:

1. Freilassung oder Vorschreibung des tarifvertraglichen Schlichtungsverfahrens. 2. Parteibetrieb vor paritätischer staatlicher Einigungsstelle, bestehend aus Parteidelegierten ohne oder mit unparteiischen Vorsitzenden. 3. Untersuchungsmaxime vor dieser Schlichtungskammer, insbesondere Zeugenladung auch von Amtswegen sowie Unterrichtung des Schiedsamts auch durch Sachverständige und Enqueten; Recht des Vorsitzenden, mangels einer Stimmenmehrheit der Beisitzer selbst einen Schiedsspruch zu fällen (sogenannter Alleinentscheid). 4. Untersuchungsmaxime wie bei 3., mit Auskunftspflicht und Eideszwang der Parteien und Zeugen, ständige beamtete Schlichter mit oder ohne neutrale Beisitzer.

III. Verwirklichung der Schlichtung:

1. Freiwillige Durchführung des Schlichtungsentscheids. 2. Inanspruchnahme nur des Drucks der öffentlichen Meinung. 3. Zivilrechtliche Bindung auf Grund freiwilliger Annahme vorheriger schiedsvertraglicher Unterwerfung, Verbindlicherklärung oder unmittelbarer Rechtskraft des Schlichtungsentscheids. 4. Durchsetzung des danach verbindlichen Schiedsspruchs: a) durch Androhung des Verlustes vorher verlangter Kautionen, b) durch Bußen oder Kriminalstrafen, c) durch Unterstützung des Gegners der widerspenstigen Partei (Streikbeihilfen bzw. Stellung freiwilliger Arbeitskräfte).

Die Reihenfolge von Schlichtungsmöglichkeiten, die sich uns hiermit ergibt, stellt einerseits eine graduelle Spannungsreihe der Schlichtungsmittel zwischen den beiden Polen: Einigungs- und Schiedsgrundsatz dar[10]. Sie schließt insofern mit dem einen Flügel an die Einigung der

---

[10] Die Elastizität einer Schlichtungsregelung (s. oben S. 17) beruht dabei vor allem darauf, daß sie es dem Schlichtungsorgan ermöglicht, die Auswahl und Reihenfolge aller dieser Abstufungsmöglichkeiten der Schlichtungsarten (zwischen Einigungs- und Schiedsgrundsatz) den Verhältnissen

Parteien im Wege des Marktens auf dem freien Arbeitsmarkt, mit dem anderen Flügel an die laufende autoritäre Lohnfestsetzung durch Lohnämter an. Dies Lohnamtssystem steht dann bekanntlich einer unmittelbaren autoritären Lohnbeeinflussung durch die Sozialpolitik schon sehr nahe. Jener Übergang zur unmittelbaren Sozialpolitik, den wir (oben S. 11) für den Fall zunehmender Orientierung am Zwangsprinzip für alle Kategorien der veranstaltenden und insbesondere der vergemeinschaftenden Sozialpolitik feststellten, zeigt sich also auch hier auf dem Gebiete der Schlichtung.

Diese graduelle Spannungsreihe der Schlichtungsmittel zwischen Einigungs= und Schiedsgrundsatz zeigt ungeachtet aller Übergänge andererseits aber doch auch die tiefgehende Verschiedenheit der polaren Antithese, die unser Thema darstellt. Vergegenwärtigen wir uns kurz, wie grundverschieden Einigungsverfahren und Schiedsverfahren nach ihren Zwecken und Mitteln trotz aller Übergangs= und Zwischenformen der dargelegten graduellen Skala letztlich sind.

Im Einigungsverfahren berücksichtigt die Schlichtung grundsätzlich das produktivitätsfördernde Moment, das sie in der Freiheit der durch die Arbeitsmarktparteien selbst bewirkten Arbeitspreisbestimmung erblickt. Nur Hilfe leisten will sie den Parteien bei der Einigung über die Arbeitsbedingungen, um so den Lohnkampf auf die friedlichen Mittel des Marktens und Verhandelns, der Hinweise auf die beiderseitige wirtschaftliche Machtlage und dergleichen zu beschränken und seine „Fortsetzung mit anderen Mitteln", das heißt den Ausbruch offener Arbeitskämpfe, möglichst zu verhindern. Gelingt das nicht, so zieht sie die Klärung der Machtfrage durch den offenen Arbeitskampf

---

des Einzelfalls anzupassen. Insbesondere sucht man auch bei Schlichtungsverfahren, die selbst schon weitgehend dem Schiedsgrundsatz folgen, immer wieder zur Anbahnung einer freiwilligen Verständigung gemäß dem Einigungsgrundsatz zu gelangen und stellt ihnen gern auch in der gesetzlichen Verfahrensregelung formlose informatorische Güteverfahren etwa vor dem Vorsitzenden oder einem Ausschuß der Schlichtungskammer voran: Grundsatz der Schaltungsmöglichkeit der Schlichtungsarten (vgl. Angewandte Theorie der Schlichtung, a. a. O. S. 369; ferner Hoevinghoff, Gegenwartsprobleme der Organisation und Technik des gewerblichen Einigungswesens in Deutschland, Hamburgische Diss. 1922; W. Zimmermann, Grundzüge und Grundproblem des Schlichtungswesens, Kölner Vierteljahrshefte für Sozialwissenschaften, 1928, 2. Jahrg., H. 2/3, S. 5 u. 7).

trotz der zunächst damit verbundenen Schädigungen der Volkswirtschaft dem Risiko vor, daß ein zwangsweises Vorgehen auf die Dauer zu einer im Hinblick auf die Produktivität nichtoptimalen Festsetzung der Arbeitsbedingungen führt. Im wesentlichen nur die Scheu vor den wirtschaftlichen Verlusten, die den Parteien aus dem Ausbruch des offenen Kampfes drohen, wirkt als Druckmittel für die Einigung. Soweit der Schlichter hier eine Einigung für irgend möglich und erwünscht hält, wird sein Einigungsvorschlag daher zweckmäßig vor allem diejenige Linie zu treffen suchen, die die meiste Aussicht auf Annahme durch die Parteien hat. Insoweit wird dieser Vorschlag den beiderseitigen Machtverhältnissen Rechnung tragen und eine Vorwegnahme des voraussichtlichen Kampfergebnisses darstellen müssen. Die vorgeschlagene Einigung darf sich ja von der Linie dieses voraussichtlichen Ergebnisses des zu vermeidenden Kampfes nicht zu weit entfernen, wenn die Parteien ohne autoritären Zwang sich bewogen fühlen sollen, die Einigung dem Zwange vorzuziehen. Zwar haftet dem Einigungsverfahren auch in diesen Fällen, wie wir feststellten, infolge der polaren Wesenheit des Gegensatzpaares: Einigungs= und Schiedsgrundsatz eine gewisse Beimischung von Schiedsorientierung an. Aber ihr kann der Schlichter bei den Verhandlungen kaum mehr als durch einen Appell an den Gemeinsinn der Parteien, und im Einigungsvorschlag nur im Ausmaße der voraussichtlichen Wirkung dieses Appells Rechnung tragen.

Ganz anders liegen demgegenüber die Dinge im Schiedsverfahren: Dieses ist seinem Grundgedanken nach nicht wie das Einigungsverfahren darauf abgestellt, daß eine Einigung der Parteien etwa auf der Linie der wirtschaftlichen Machtverteilung auf die Dauer ungefähr eine Festsetzung der Arbeitsbedingungen auf der Linie optimaler volkswirtschaftlicher Produktivität bewirken und auf diesem Umwege auch dem Gesamtwohl am meisten nützen wird. Hier hat der Schlichter weitgehend die Aufgabe und die Mittel zur Durchsetzung eines Schiedsspruchs, den er im Hinblick auf die Schlichtungszwecke für gut hält; es handelt sich also um eine Zwangsregelung, die den Zwecken der Volksgemeinschaft und ihrer Sozialpolitik weitgehend auch unmittelbar gerecht werden soll. Damit erweitert sich der Kreis und das Gewicht der Tatsachen, die für die Schlichtung erheblich sind. Das Sicherheitsventil im Hinblick auf die Produktivität, das beim Einigungsverfahren in der Möglichkeit einer Nichtannahme des Einigungsvorschlags durch

III. Einigungs- und Schiedsgrundsatz als Spannungspole der Schlichtungsmittel.

die Parteien stets gegeben ist, ist hier mit den Mitteln des angewandten Zwanges geschlossen. Die Verantwortung für die Zweckmäßigkeit der verfügten Entscheidung fällt in ihrer ganzen Schwere auf das Schiedsamt. Dem entspricht zunächst jene Verstärkung des Sachverständigen- und Beamtenelements gegenüber den Parteibeisitzern in der Zusammensetzung des Schlichtungsorgans, die wir oben als durch den Schiedsgrundsatz bedingt hervorhoben. Anders als im Einigungsverfahren wird damit die staatliche Autorität, als deren Träger das so zusammengesetzte Schiedsamt tätig war, im Schiedsverfahren weitgehend engagiert. Die Schlichtung ist hier eine weitgehend auch politische Angelegenheit, sie wird im Ausmaß ihrer Orientierung am Schiedsgrundsatz zu einem Akt der Lohnpolitik und im weiteren der inneren Politik überhaupt.

Die nicht genügende Beachtung dieses polaren Unterschieds von Einigungs- und Schiedsgrundsatz hat in der Literatur zu der Übung geführt, als Aufgaben des Schlichtungswesens drei Funktionen nebeneinanderzustellen. Sinzheimer nennt sie die Friedensfunktion, die Funktion des Garanten für die Erfüllung der kollektiven Rechtsaufgabe und die lohn- oder arbeitspolitische Funktion[10a]. Ähnlich bezeichnet zum Beispiel Sitzler, der derzeitige Referent für Schlichtungswesen im Reichsarbeitsministerium, „Erhaltung des Arbeitsfriedens, Förderung der kollektiven Arbeitsverfassung und Lohnpolitik" als die drei Aufgaben des Schlichtungswesens, „drei Aufgaben, die sich nicht etwa widersprechen, sondern die sich gegenseitig ergänzen und bedingen". So kommt er zu der Zweckbestimmung: „Die Schlichtung soll durch Zustandebringen lohnpolitisch richtiger Gesamtvereinbarungen den Arbeitsfrieden fördern", und fährt fort: „Die Förderung des kollektiven Arbeitsvertrags und die lohnpolitische Bestimmung sind nicht, wie es manchmal darzustellen versucht wird, Dinge, die mit dem Schlichtungswesen eigentlich nichts zu tun haben, es sind Aufgaben, die aus ihrem Wesenskern, aus ihrer Einstellung auf den sozialen Ausgleich, sich notwendig ergeben[10b]. Demgegenüber ist festzuhalten,

---

[10a] Sinzheimer in seinem Referat auf der schon erwähnten Mannheimer Hauptversammlung der Gesellschaft für Soziale Reform, Verhandlungsbericht S. 23 ff. — Vgl. auch J. Winschuh, Aufgabe und Gestalt des Schlichtungswesens, Magazin der Wirtschaft vom 30. Mai 1929, S. 840.

[10b] Sitzler, Soziale und wirtschaftliche Bedeutung der staatlichen Schlichtung, Neue Zeitschrift für Arbeitsrecht, 10. Jahrg., Heft 1, Sp. 3.

daß nur die ersten beiden Funktionen, die Friedensfunktion und die Sicherung von Arbeitsgemeinschaften[10c], von der Wissenschaft als Aufgaben jeder Schlichtung schlechthin in deren Zweckbestimmung aufgenommen werden dürfen (s. o. S. 16 ad 3 u. 4). Denn die dritte, die lohnpolitische Funktion, eignet der Schlichtung nicht schlechthin, sondern nur im Ausmaß ihrer jeweiligen Orientierung am Schiedsgrundsatz. Die Aufnahme auch dieser dritten Funktion in die Bestimmung der Schlichtungszwecke würde also bereits eine Stellungnahme in der Frage „Einigungs- oder Schiedsgrundsatz?" bedeuten. Diese Frage aber kann als eine Frage praktischer Zweckmäßigkeit von der Wissenschaft niemals mit derjenigen Allgemeingültigkeit entschieden werden, die für eine wissenschaftliche Definition der Schlichtungszwecke erforderlich ist (vgl. hierzu auch unten S. 73). Vermengt man beides, diese wissenschaftliche Definition der Schlichtung und die praktische Entscheidung jener Frage, miteinander zu einer einzigen Zweckbestimmung, so muß beides leiden: Eine Entscheidung, die von der praktischen Politik immer von neuem im Verhältnis zu wechselnden Umständen auf ihre Zweckmäßigkeit geprüft werden sollte, erhält den Anschein absoluter, wissenschaftlicher Allgemeingültigkeit. Und eine Definition, die von der Wissenschaft auf den festen Boden unanfechtbarer Allgemeingültigkeit gegründet werden sollte, wird auf den schwankenden Boden des praktisch-politischen Meinungs- und Parteistreits gezerrt.

Aus der dargestellten Gegenüberstellung der beiden Verfahrensarten des Schlichtungswesens folgt ferner noch ein weiterer Unterschied, der in seiner Bedeutung nicht unterschätzt werden darf. Jener Grundsatz nämlich, den wir im weiteren Rahmen der vergemeinschaftenden Sozialpolitik überhaupt (s. oben S. 10) als Grundsatz der Gemeinschaftsparität bezeichneten, herrscht im Einigungsverfahren als Grundsatz der Schlichtungsparität durchaus vor: Es ist für alle drei Stadien des Einigungsverfahrens von Wichtigkeit, daß die Auswahl und Handhabung dieser Mittel nicht etwa eine der Parteien von vornherein schlechter stellt als die andere. Denn da schon im Einleitungsstadium (I) des Einigungsverfahrens ein Zwang zur Einlassung im wesentlichen fehlt, so würde im Falle der

---

[10c] Darüber, inwieweit diese Aufgabe der Sicherung und Erhaltung von Arbeitsgemeinschaften mit derjenigen der Förderung des Abschlusses von Kollektivverträgen (Gesamtvereinbarungen) übereinstimmt, vgl. unten S. 72.

III. Einigungs- und Schiedsgrundsatz als Spannungspole der Schlichtungsmittel. 31

Verletzung dieses Paritätsgrundsatzes die benachteiligte Partei meist nicht erst erscheinen und verhandeln. Läßt sich dies in einer dem Schiedsgrundsatz schon mehr angenäherten Form dennoch erzwingen, so wird von einer widerwillig verhandelnden Partei dann mindestens keine freiwillige Unterwerfung unter einen ihr ungünstigen Spruch erwartet werden können. Dafür, daß dieser Grundsatz der Schlichtungsparität in formaler Beziehung aufrechterhalten wird, sorgt leicht die organisatorische Regelung, die hier zum Beispiel stets nur eine gleiche Zahl von Parteibeisitzern, ein beiderseitiges Recht zur Stellung von Verfahrensanträgen aller Art und dergleichen vorsieht. Aber auch in einer mehr materiellen (inhaltlichen) Hinsicht kann und muß die Handhabung und Auswahl der Schlichtungsmittel im Einigungsverfahren diesen Paritätsgrundsatz sorgfältig berücksichtigen, und hier liegt ein bedeutsamer Unterschied zum Schiedsverfahren: In dieser materiellen Hinsicht nämlich muß der Grundsatz der Schlichtungsparität mit zunehmender Orientierung am Schiedsprinzip zwangsläufig mehr und mehr verlassen werden. Dies zeigt sich zwar noch nicht im Einleitungsstadium (I), aber schon sehr deutlich im Betreibungsstadium (II) und am deutlichsten im Verwirklichungsstadium (III) der Schlichtung.

Was zunächst das Betreibungsstadium (II) angeht, so ist der Schlichtungsentscheid des Einigungsverfahrens, sahen wir, ein Einigungsvorschlag, der vor allem im Hinblick auf die gegebenen Machtverhältnisse der Parteien für diese annehmbar sein muß. Hier kommt es also im Betreibungsstadium bei der Ermittlung des für die Schlichtung erheblichen Sachverhalts vor allem auf die Feststellung der Daten an, die diese Machtstellung bedingen. Über diese aber wissen die Parteien meist selbst weitgehend Bescheid, ja die Vorstellungen der Parteien von der Machtlage sind für die freiwillige Einigung fast ebenso wichtig wie die tatsächliche Machtlage selbst. So kann sich das Einigungsverfahren meist darauf beschränken, die Kenntnis des Sachverhalts aus den kontradiktorischen Vorträgen der Parteien und den von ihnen freiwillig beigebrachten Beweismitteln (oder auch aus dem Fehlen eines solchen Beweisangebots) zu gewinnen. Unsere obige Übersicht (S. 26) zeigt daher unter II, 2 den „Parteibetrieb" als die Verfahrensmaxime, die nächst dem tarifvertraglichen Schlichtungsverfahren (II, 1) dem Einigungsgrundsatz am meisten entspricht.

Ganz anders verhält es sich im Betreibungsstadium (II) des

Schiedsverfahrens. Die Erweiterung der Verantwortung, die, wie wir sahen, hier dem Schlichtungsorgan aus der Natur der Zwangsregelung erwächst, erfordert auch andere Mittel zur objektiven Feststellung des Sachverhalts. An die Stelle des Parteibetriebs tritt daher, wie wir sahen, hier die Untersuchungsmaxime: Neben die Anhörung der Parteiverträge und der etwa von den Parteien gestellten Zeugen, mit der sich das Einigungsverfahren begnügen kann, tritt die Zeugenladung auch von Amts wegen, die Auskunftspflicht unter Eideszwang für Parteien und Zeugen vor beamteten Schlichtern und eventuell neutralen sachverständigen Beisitzern, das eidliche Sachverständigengutachten und die Enquete (vgl. oben S. 26 ad II, 4). Damit aber wird der Grundsatz der Schlichtungsparität, den das Einigungsverfahren noch weitgehend wahren konnte, notwendig zuungunsten der Arbeitgeber durchbrochen: Während die Einkommensverhältnisse und die Wirtschaftsgebarung des Arbeitnehmerhaushaltes fast stets offen liegen, hat der Unternehmer von den Mitteln der Untersuchungsmaxime, besonders von der Auskunftspflicht, die Aufdeckung für ihn lebenswichtiger Betriebsgeheimnisse und damit eine entscheidende Schwächung in seinem Kampf mit der Konkurrenz zu fürchten. Ergibt die Untersuchung eine Notlage des Unternehmens, so leidet sein Kredit, ergibt sie eine günstige Geschäftslage, so wird seine Rente, die als Prämie besonderer Unternehmerleistung volkswirtschaftlich durchaus gerechtfertigt sein kann, oft durch die Konkurrenz aufgespürt und (man denke nur z. B. an die Patentumgehungen) vernichtet werden. So wird er durch ein Schiedsverfahren, je weiter es in der Befolgung der Untersuchungsmaxime geht, materiell auch dann von vornherein in Nachteil gesetzt, wenn der Grundsatz der Schlichtungsparität formal (z. B. durch paritätische Besetzung der Schiedskammer) völlig gewahrt bleibt.

Auch für das Verwirklichungsstadium (III) der Schlichtung endlich zeigte sich oben (S. 25) bereits Entsprechendes. Denn wenn wir von dem Zwangsmittel des Verfalls gestellter Kautionen absehen, das wieder in anderer Hinsicht bedenklich war, so bleibt bei zunehmender Annäherung der hier gewählten Vollstreckungsmittel an das Schiedsprinzip die Durchsetzbarkeit des Schlichtungsentscheids gegenüber der Arbeitnehmergruppe immer mehr hinter seiner Durchsetzbarkeit gegenüber der Arbeitgebergruppe zurück, gleichgültig ob man zu strafrechtlichen Zwangsmitteln oder zur Unterstützung des Gegners der widerspenstigen Partei seine Zuflucht nimmt. Insofern wird der Grundsatz der Schlichtungsparität, der im Einigungsverfahren, wie wir sahen, dem Grundsatz der Gemeinschaftsparität entspricht, auch hier in materieller Hinsicht mit zunehmender Orientierung am Schiedsprinzip zwangsläufig zuungunsten der Arbeitgeber mehr und mehr durchbrochen.

Die Beeinträchtigung, die der Grundsatz der Schlichtungsparität somit bei zunehmender Orientierung der Schlichtung am Schiedsprinzip zwangsläufig erfährt, entspricht ganz dem Charakter der unmittelbaren Sozialpolitik, den die Schlichtung, wie wir sahen, dabei ebenso zwangsläufig annimmt. Sie begründet daher an sich noch keinerlei Wertung des Einigungs- oder des Schiedsverfahrens. Wir stellen sie hier nur als Tatsache fest.

Die im vorstehenden dargelegte Unterschiedlichkeit der Schlichtungsarten, wie sie von den beiden Spannungspolen unserer Skala der Schlichtungsmittel, Einigungs- und Schiedsgrundsatz, bedingt wird, führt jedoch unmittelbar zu der Frage, ob und in welcher Weise die Sozialpolitik dem einen oder dem andern jener beiden Grundsätze bei der Gestaltung des Schlichtungswesens vermehrt Raum geben soll. Die Gesichtspunkte, die für die Beantwortung dieser Frage in Betracht kommen, seien im folgenden näher dargelegt.

IV. Einigungs- oder Schiedsgrundsatz?

Hierbei sind zunächst die unmittelbar ideologischen von den wirtschaftlichen Gesichtspunkten zu trennen. Wie wir oben (S. 5) sahen, greift die Schlichtung bei der Verfolgung ihrer sozialpolitischen Zwecke in jedem Falle ein in die wirtschaftliche Lage und die wirtschaftlichen Beziehungen der Klassen, die Schlichtungspolitik ist nicht nur Sozialpolitik, sondern auch Wirtschaftspolitik[11]. Neben diesen wirtschaftlichen Einflüssen aber, sahen wir dort, gehen stets auch unmittelbar ideologische Wirkungen von der Schlichtung aus, und der Sozialpolitiker, der die Schlichtung benutzt, wird bei der Erreichung seiner Zwecke unter Umständen auch diesen Weg ins Auge fassen müssen. So kann etwa die Gefahr bestehen, daß der Ausbruch eines großen Ar-

---

[11] Vgl. W. Weddigen, Zur logischen Grundlegung der praktischen Wirtschaftswissenschaft (a. a. O. S. 85), wo wir nachzuweisen versuchten, daß die leitenden Normen (Zwecke) der Sozialpolitik gegenüber den Zwecken der Wirtschaftspolitik höherstufig sind.

beitskampfes in einer bereits zugespitzten sozialen Lage die offene Revolution und damit den Untergang des Staatswesens herbeiführt. Dann muß der Sozialpolitiker die Rücksicht auf die etwa sozial ungünstige Wirkung, die ein Schlichtungsakt auf die wirtschaftliche Lage der Klassen auszuüben droht, unter Umständen im Augenblick zurückstellen, um auf dem Wege über die unmittelbar ideologische Friedenswirkung der Schlichtung den dringlichsten Volksgemeinschaftszwecken der Staatserhaltung Rechnung zu tragen. Hier kann eine autoritäre Einwirkung zur Erhaltung des Arbeitsfriedens, eine Orientierung am Schiedsgrundsatz also, ungeachtet sicherer wirtschaftlicher Schädigungen geboten sein. Die Berücksichtigung der wirtschaftlichen Wirkung der Schlichtung ist also grundsätzlich niemals absolut, sondern immer nur relativ geboten: Diese wirtschaftliche Wirkung ist der unmittelbar ideologischen gegenüberzustellen. Ist eine der beiden Wirkungen negativ, das heißt den sozialpolitischen Zielen abträglich, so ist der Umfang, die Nachhaltigkeit und die Schnelligkeit beider Auswirkungen in Betracht zu ziehen — die unmittelbar ideologischen Wirkungen setzen sich meist schneller durch als die wirtschaftlichen. Danach ist die größere augenblickliche Dringlichkeit des einen oder des anderen Gesichtspunktes abwägend zu beurteilen, die die Ratsamkeit des Schlichtungsaktes entscheidet.

In jedem konsolidierten Staatswesen freilich, wo es nicht bei jedem Arbeitskampf gleich um Sein oder Nichtsein des Staatswesens geht, wird der Sozialpolitiker in der Lage sein, die Auf-die-Dauer-Wirkung eines Schlichtungsaktes und vollends einer ganzen Schlichtungsregelung zu berücksichtigen. Hierbei tritt der wirtschaftliche, das heißt der Produktivitätsgesichtspunkt dann sofort stark in den Vordergrund: Zwar kommt auch abgesehen von den soeben erwähnten Fällen einer unmittelbaren sozialen Gefährdung des Volksganzen für den Schlichter eine Zurückstellung des Produktivitätsgesichtspunktes für bestimmte begrenzte Personenkreise dann in Frage, wenn die Beschaffenheit von deren Arbeitsbedingungen in unmittelbarem Widerspruch mit den anerkannten ethischen Zwecksetzungen der Volksgemeinschaft stehen, wenn also, vulgär gesprochen, etwa deren Löhne danach als „menschenunwürdig" erscheinen. Hier kann dann einmal die Gewährung karitativer Zusatzlöhne usw. im Wege der Schlichtung als „Konsum" der Volksgemeinschaft zur Befriedigung eines ethischen Gemeinbedarfs, nicht in ihrer Eigenschaft als „Produktionsaufwand" der Volkswirtschaft betrachtet werden. Sie wird aber auch hier nur die Aufgabe haben können, so lange die nötigste Erleichterung zu schaffen, bis eine dauernd wirksame und produktive Abhilfe an anderen Stellen der Wirtschaftspolitik einzusetzen vermag. Denn hier und für alle anderen Fälle kommt es doch letztlich stets an auf die Frage: Wie wirkt sich die Schlichtung nachhaltig aus auf die wirtschaftliche Lage der Klassen, deren Verhältnis zueinander im Sinne der obersten Volksgemeinschaftszwecke beeinflußt werden soll? Dies aber ist auf die Dauer stets eine Frage ihrer Produktivität, und hier liegt das Hauptproblem der Schlichtung gerade für die Sozialpolitik als angewandte wirtschaftswissenschaftliche Disziplin[12].

Mit dieser Maßgabe des gekennzeichneten Überwiegens der wirtschaftlichen Gesichtspunkte lautet nach den Ausführungen des vorigen Teils III unsere Frage: Einigungs- oder Schiedsgrundsatz? ganz allgemein: Wovon kann die Sozialpolitik bei ihrer Sorge für die Erhaltung der Tarif- und Betriebsgemeinschaften im Sinne ihrer übergeordneten Ziele günstigere Wirkungen erhoffen, von der freien Selbstverantwortung oder von der autoritären, zentralistischen Gängelung der Tarif- und Betriebsgemeinschaften, bzw. der in ihnen zusammengeschlossenen Arbeitgeber- und -nehmerorganisationen? Insofern ist unsere Frage letztlich verankert in der Alternative: Veranstaltende oder unmittelbare Sozialpolitik?

Man könnte hier einwenden, diese Auffassung der Frage verallgemeinere unser Problem zu sehr. Die Schlichtung greife ja immer erst für den Fall eines durch Arbeitskämpfe drohenden Zerfalls der Arbeitsgemeinschaften ein, während der Sozialpolitiker für die Dauer des gesicherten Bestehens der Tarif- und Betriebsgemeinschaften sich doch einer Einwirkung auf sie enthalte. Dieser Einwand aber wäre irrtümlich. Insoweit nämlich die Parteien Aussicht auf eine autoritäre Entscheidung ihrer Kämpfe und Gegensätzlichkeiten haben, pflegt es trotz aller Moralpredigten von unbeteiligter und aller Versprechungen von beteiligter Seite mit ihrem Selbstverantwortungsgefühl weitgehend vorbei zu sein. Mag die Partei, die mehr von der Zwangsschlichtung erhofft, im Wege von Kampfdrohungen die Schiedssprechung ausdrücklich in Anspruch nehmen, oder mag nur das bloße Bestehen

---

[12] Als solche suchten wir sie in der schon zitierten Abhandlung „Zur logischen Grundlegung der praktischen Wirtschaftswissenschaft" zu erweisen.

der Schiedsmöglichkeit ihren Gegner zum kampflosen Nachgeben zwingen, eine Orientierung der Schlichtung am Schiedsgrundsatz drückt den Arbeitsgemeinschaften im Arbeitskampf wie im Arbeitsfrieden ihren Stempel auf. Eins von beiden also läßt sich nur erreichen: Insoweit man die etwaigen Vorteile der freien Selbstverantwortung wünscht, muß man die etwaigen Vorteile der zentralistischen Regelung opfern und umgekehrt.

Der alte Streit: Liberalismus oder Kollektivismus, Individualismus oder Universalismus, der dieser Alternative zugrunde liegt, ist heute wohl von allen Seiten als durch Extreme nicht lösbar erkannt. Er wiederholt sich hier im Schlichtungsproblem zunächst auf einer etwas anderen Ebene: Nicht mehr Freibeweglichkeit, Individualismus des Einzelnen, sondern die Freibeweglichkeit, ein „Individualismus" der Gruppen steht zur Diskussion[13]. Auf das Individuum bezogen, lautet unsere Frage „Einigungs- oder Schiedsgrundsatz" dann: Inwieweit soll die Einwirkung, die die unmittelbare Sozialpolitik direkt auf den einzelnen ausübt, abgefedert werden durch jene Einschaltung selbstverantwortlicher Selbstverwaltungskörper in ihren Vollzug, die die veranstaltende Sozialpolitik, wie wir sahen, grundsätzlich kennzeichnet?

In dieser Fragestellung liegt zwar bereits, daß die Alternative: Einigungs- oder Schiedsgrundsatz für Kollektivismus wie Liberalismus im Sinne der ihrem extremsten Grundgedanken entsprechenden Wirtschaftsideale kein Problem darstellt: der extreme Kollektivismus (Sozialismus und Kommunismus) will die unmittelbare Bindung des Einzelnen an die Gemeinschaft, die er grundsätzlich erstrebt, überhaupt nicht abfedern. Er schlichtet nicht, er dekretiert. Der extreme Liberalismus lehnt eine Bindung des Einzelnen an die Gemeinschaft grundsätzlich überhaupt ab. Er vermeidet jede Einmischung in Wirtschaftskämpfe, die nach dem Grundsatz des „laissez-faire" letztlich doch von selbst zur allgemeinen Harmonie des „ordre naturel" führen. Gegenstandslos somit im Reich der Utopien, erhält aber unsere Frage doch die allergrößte Bedeutung im Reich der Wirklich-

---

[13] Den engen Zusammenhang zwischen Schlichtung und korporativen Bindungen hebt in der einschlägigen Fachliteratur besonders O. Martin, Das Schlichtungswesen in der modernen Wirtschaft, Jena 1929 (S. 3ff. u. ö.), hervor. Er fußt dabei auf Waldemar Mitscherlich, Moderne Arbeiterpolitik, Leipzig 1927, und: Der moderne Wirtschaftsmensch im Weltw. Arch., Bd. 20, sowie: Eine Wirtschaftsstufentheorie, Leipzig 1924.

keit: Sowohl die wirtschaftliche als auch die politische Entwicklung rückt heute wirtschafts- und sozialpolitische Selbstverwaltungskörper stark in den Vordergrund. Kartellierung bzw. Koalierung beider Arbeitsparteien in der wirtschaftlichen, Faszismus und Wirtschaftsdemokratie in der politischen Ebene bedingen die Bildung von Organisationen beider Lager und deren Zusammenschluß in planwirtschaftlichen oder ständischen Wirtschafts- und Arbeitsgemeinschaften. So wird die Schlichtung heute vielfach mehr und mehr zu einem Mittel, mit dem eine kollektivistisch (sozialistisch oder faszistisch) orientierte Sozialpolitik der Regierungen auch unmittelbar auf die Bildung und Struktur dieser Arbeitsgemeinschaften und die Machtlage der in ihnen zusammengeschlossenen Organisationen Einfluß zu nehmen sucht. Die Entwicklung in Rußland und Australien, in Italien und Spanien, sowie gewisse Tendenzen auch der neueren deutschen Schlichtungspolitik zeigen das deutlich. Soweit diese Bestrebungen vorherrschen, bedingen sie eine Orientierung der Schlichtung am Schiedsgrundsatz, ein Verlassen des Einigungsgrundsatzes. Insofern geht auf dem Gebiete des Schlichtungswesens der alte Kampf von Liberalismus und Kollektivismus heute recht eigentlich um unsere Alternative: Der Liberalismus kämpft für den Einigungsgrundsatz, der Kollektivismus für den Schiedsgrundsatz.

Wie auch immer aber er zu den weltanschaulichen Fragen stehen mag, die für diese oberen Zielsetzungen von Bedeutung sind, niemals wird der nüchterne Sozialpolitiker vergessen dürfen, daß jeder Schlichtungsakt, je mehr er sich am Schiedsgrundsatz orientiert, wirtschaftlich zunächst immer einen Eingriff in den Arbeitsmarkt darstellt. Die Einwirkung der unmittelbaren Sozialpolitik, die, wie wir sahen, mit zunehmender Orientierung am Schiedsgrundsatz im Schlichtungswesen sich durchsetzt, ist, das sahen wir gleichfalls schon, im wesentlichen Gestaltung der Arbeitsbedingungen, ist Regelung der Preisbildung auf dem Arbeitsmarkt, ist in diesem weiteren Sinne Lohnpolitik. Von hier aus sind die wirtschaftlichen Auswirkungen, die vom Schlichtungswesen insbesondere auch auf die Lage der beteiligten Arbeiterschaft ausgehen, zu allernächst zu betrachten.

Diese wirtschaftlichen Wirkungen der Schlichtungspolitik in ihrer Eigenschaft als Lohnpolitik unterzogen wir in der zitierten Abhandlung „Angewandte Theorie der Schlichtung" (S. 374ff.) bereits einer etwas eingehenderen Betrachtung. Ihre Ergebnisse seien hier nur kurz zusammengefaßt. Gestützt auf die lohntheoretischen Arbeiten v. Zwiedinecks[14] und Adolf Webers[15] konnten wir dort davon ausgehen, daß die Frage der Gestaltung des Reallohneinkommens der Arbeitnehmerschaft durch die Schlichtung letztlich stets eine Frage des Verhältnisses von Schlichtung und wirtschaftlicher Produktivität ist. Dies ergab die Folgerung, daß zur Lösung der hier einschlagenden Fragen neben der bisher von der Wirtschaftswissenschaft bevorzugten Verteilungstheorie (Preisbildungstheorie) vor allem auch die Ertragstheorie (Produktivitätstheorie) zweckmäßig heranzuziehen ist. Die Ertragstheorie so, wie wir sie in verschiedenen Arbeiten vertraten[16], stellt das Produktivitätsgesetz in den Mittelpunkt ihrer Betrachtung: Es besagt, daß bei genügender Elastizität (Umgliederungsfähigkeit) eines Produktionskomplexes jede Aufwandsteigerung eines Produktionselementes, die dieses dem Bestverhältnis aller Produktionselemente annähert, von zunehmender, daß sie dann von kulminierender, und schließlich bei Weitersteigerung von abnehmender Produktivität ist.

Mit seiner erst auf- und dann absteigenden Ertragskurve macht dies Gesetz die Gestaltung der Produktivität (das heißt das Verhältnis von variablem Aufwand und Rohertrag) abhängig einmal von der Proportionalität (Verhältnismäßigkeit) als der quantitativen, und sodann von der Elastizität (Umgliederungsfähigkeit) als der qualitativen Entsprechung (Funktionalität) der Produktionsfaktoren[17]. Auf unser Problem bezogen, ergab das Gesetz zunächst hinsichtlich der (quantitativen) Proportionalität oder Verhältnismäßig-

---

[14] O. v. Zwiedineck-Südenhorst, Lohnpolitik und Lohntheorie, Leipzig 1900; derselbe, Art. Lohntheorie und Lohnpolitik im Handb. d. Staatsw., 4. Aufl., Bd. VI, S. 396 ff.

[15] Adolf Weber, Der Kampf zwischen Kapital und Arbeit, 3./4. Aufl., Tübingen 1921; derselbe, Art. Arbeitskämpfe im Handb. d. Staatsw. 4. Aufl., Bd. I, S. 765 ff.; vgl. für unser Thema auch: derselbe, Arbeitslohn und Zwangsschiedsspruch, Soziale Praxis, 1929, H. 4, S. 82 ff.

[16] Vgl. W. Weddigen, Theorie des Ertrags (Jena 1927); Entsprechung als Grundlage der Ertragstheorie (Conrads Jahrb. f. Nationalök. u. Stat., III. F., Bd. 72, S. 597 ff.); Ertragstheorie und Verteilungstheorie (ebendort, Bd. 73, S. 1 ff.); Teleologische und technologische Wirtschaftsauffassung (ebendort, Bd. 74, S. 321 ff.).

[17] Näheres siehe: Entsprechung als Grundlage der Ertragstheorie, a. a. O. S. 616 ff.

keit der Produktionsfaktoren, daß nur ein Volk, das über verhältnis=
mäßig reiche sachliche Produktivgüter (Kapitalbildung) verfügt, durch
Steigerung des Arbeitsfaktors (also der persönlichen Produktiv=
güter[18]) im Wege von Lohnerhöhungen die Produktivität seiner Wirt=
schaft erhöhen könne. Hinsichtlich des anderen Bestimmungsfaktors der
Produktivitätsgestaltung, der (qualitativen) Elastizität oder Umgliede=
rungsfähigkeit der Wirtschaft, zeigte sich, daß auch, wenn die Leistungs=
fähigkeit einer zu gering entlohnten Arbeiterschaft quantitativ weit
im relativen Minimum steht, eine Nominallohnsteigerung, die diese
Leistungsfähigkeit erhöht, doch nur dann produktiv (und dadurch real=
lohnerhöhend) wirken könne, wenn die übrigen Produktivkräfte das
erforderliche Umstellungsvermögen aufbringen. Nur unter dieser
Voraussetzung vermittelt der Preismechanismus hier die notwendige
Umgliederung: Die steigenden Löhne, die die steigenden Leistungsfähig=
keiten ermöglichten, veranlassen nur in diesem Falle zugleich die haupt=
sächlichsten Träger aller Umgliederungsfähigkeit der Wirtschaft, die
Unternehmer, zur Rationalisierung der Produktionsmethoden. So er=
gibt sich eine gegenseitige Entsprechung aller Wirtschaftsglieder, der
Sachgüter wie der persönlichen (körperlichen und geistigen) Pro=
duktivgüter. Zugleich zeigt sich die Sinnlosigkeit eines wirtschaftspoli=
tischen Vorgehens, daß der Arbeiterschaft unter gleichzeitiger Unter=
drückung des Unternehmertums und der sonstigen Geistesarbeit nützen
zu können glaubt (vgl. die „spezialistenfeindliche" Arbeitspolitik des
Bolschewismus). Es wird klar, daß man nicht ein Glied des Wirt=
schaftskörpers fördern kann dadurch, daß man das Gedeihen anderer
Wirtschaftskräfte unterbindet.

Wenn das Gesagte für die Produktivitätswirkung einer Steigerung
des Arbeitsfaktors, der Leistungsfähigkeiten der Arbeitnehmerschaft
also, galt, so blieb aber noch die Frage zu beantworten, ob und wie=

---

[18] Die Arbeitsfähigkeiten (nicht, wie die herrschende Lehre will, die
Arbeitsleistungen) setzten wir (in Theorie des Ertrages, S. 96 ff.) als
„persönliche Güter" neben die Sachgüter. So treten sie auch begrifflich
auf eine Höhe mit den (mobilen und immobilen) sachlichen Produktiv=
mitteln. Die wirtschaftliche Arbeit war (a. a. O. S. 142) demgemäß als
„Leistung der persönlichen Produktivgüter" zu bestimmen. — Eine gute zu=
sammenfassende Darstellung unserer diesbezüglichen Auffassungen gibt
übrigens H. Nowak, Der Arbeitsbegriff der Wirtschaftswissenschaft, in
Conrads Jahrb. f. Nationalök. u. Stat., III. F., 76. Bd., 1929, S. 535 ff.

weit eine lohnpolitische Beeinflussung der Arbeitsbedingungen diese Leistungsfähigkeiten der Arbeitnehmerschaft tatsächlich zu steigern geeignet ist: Auch hier wieder orientiert das Produktivitätsgesetz, und zwar in seiner Anwendung auf die „organische Produktion", die „Beschaffung persönlicher Güter" (Leistungsfähigkeiten)[19]. Auch hier wieder kommt es einerseits darauf an, ob die Arbeitnehmerschaft im Verhältnis zu den übrigen Mitteln dieser Produktion (z. B. klimatische Verhältnisse, verschiedene Körperkonstitutionen beim Hindu oder englischen Arbeiter) über zu wenig Unterhaltsmittel verfügte: Quantitative Verhältnismäßigkeit. Und es kommt andererseits darauf an, ob sie ihrer Bildung und Kultur nach in der Lage ist, ein Mehr von Lohneinkommen im Rahmen eines den neuen Mitteln entsprechend umgegliederten Systems der Unterhaltsmittelaufwendung (Bedürfnisbefriedigung) einer leistungssteigernden Verwendung zuzuführen: Qualitative Verhältnismäßigkeit. Sind diese beiden Voraussetzungen gegeben, so wird die lohnpolitische Steigerung des Arbeitsentgelts zunächst eine relativ zunehmende, und später auch noch eine Weile eine relativ abnehmende Steigerung der Leistungsfähigkeit ergeben. Darüber, inwieweit diese Voraussetzungen tatsächlich vorliegen, gibt für die Kulturländer der Gegenwart die Tendenz des abnehmenden Lohnertrages eine bewußt nur ungefähre Auskunft. Diese Tendenz, die sich im Rahmen des ertragstheoretischen Systems als ein Folgesatz aus der „Tendenz des abnehmenden Ertrages der organischen Produktion" darstellt[20], besagt, daß ceteris paribus jede weitere Aufwand von Lohn dem Unternehmer eine im abnehmenden Verhältnis zu diesem Mehraufwand steigende Leistungsfähigkeit seiner Arbeiter verschafft.

Zweifellos verlegt die Ertragstheorie sehr viel in die Voraussetzungen ihrer Gesetze, wenn sie mit diesen Ergebnissen dem Wirtschafts- und Sozialpolitiker die Beurteilung der Frage überläßt, wo denn im Einzelfall jenes Optimum des Verhältnisses der Produktionsfaktoren liegt, das über die Produktivitätswirkung eines sozialpolitischen Eingriffs in die Arbeitsbedingungen entscheidet. Die Entscheidung der Frage, wo das relative Minimum liegt, dessen Annäherung an das

---

[19] Über den Begriff der organischen Produktion vgl. Theorie des Ertrages, S. 162 ff.
[20] Siehe Theorie des Ertrages, S. 237.

Optimum die Produktivität steigert, die Frage also, wo, bzw. an was es dem Wirtschaftsorganismus im Einzelfalle rein tatsächlich fehle, bleibt ja der wirtschaftlichen Einsicht des Sozialpolitikers damit weitgehend überlassen. Dieser selbst muß im Einzelfall beurteilen, ob und in welchen Zweigen die Wirtschaft im Augenblick zuviel oder zuwenig Kapital bildet, ob und welche Arbeitsfähigkeiten und Arbeitsbedingungen im Überfluß oder Mangel vorhanden sind usw. Er wird dazu außer der (gewiß gleichfalls unentbehrlichen) Beobachtung der preistheoretisch erheblichen Erscheinungen (Höhe des Diskonts und Reallohnstand im Vergleich zum Ausland) stets auch die angewandten Naturwissenschaften (einschließlich der Sozialhygiene für die Gebiete der organischen Produktion) zu Hilfe nehmen müssen. Sowenig wie die Medizin den Arzt, vermag die angewandte Wirtschaftstheorie den Praktiker zu ersetzen. Stets anwendbare Rezepte liefern weder die angewandten Natur- noch die angewandten Sozialwissenschaften.

Man hat neuerdings aus dieser (von uns selbst sogleich bei ihrer Entwicklung betonten) Begrenzung des Erkenntniswertes der Ertragstheorie Einwände gegen sie hergeleitet. Daher sei in diesem Zusammenhang hier nur kurz angemerkt, daß die preistheoretischen Sätze, die die Feststellungen der Ertragstheorie sicherlich überall ergänzen müssen, diesen Mangel gleichfalls aufweisen. Er ist bei ihnen nur dadurch praktisch gefährlicher, weil sie ihn meist weniger offen zeigen. Die Gesetze der Ertragstheorie sind zwar inhaltlich unbestimmter als die der Preistheorie, dafür aber ausnahmslos geltend (exakt). Die „Gesetze" der Preistheorie dagegen sind zwar inhaltlich bestimmter, dafür sind sie aber in Wahrheit stets nur Regelmäßigkeiten, gelten also nicht ausnahmslos[20a]. Dieser letztere Mangel der preis- und verteilungstheoretischen Ergebnisse wird gerade auch in den Fragen der Sozialpolitik von denen, die etwas mit dem „Wunsch als Vater des Gedankens" aus diesen Preis„gesetzen" herleiten wollen, nur zu leicht unterschätzt oder übersehen.

Das hat auch für unser Problem nur zu begreifliche Folgen. So klammert sich die Arbeitnehmerschaft heute vielfach zu starr an die optimistische Theorie von der „spekulativen Lohnerhöhung" (Kaufkrafttheorie), ohne über genügend eingehende Untersuchungen der Frage

---

[20a] Die einzige Ausnahme (in beiderlei Hinsicht) machen hier die Funktionsgleichungen der Casselschen Preistheorie. Die von ihnen repräsentierte Aussage steht aber dem Produktivitätsgesetz an Erkenntniswert m. E. nach.

zu verfügen, ob die Voraussetzungen, unter denen diese Theorie nur gilt, in der Empirik wirklich vorliegen. Nur so ist es zu erklären, daß man Erfahrungen, die in dem amerikanischen Lande des Kapitalüberflusses diese Theorie zeitweise bestätigten, heute vielfach glaubt auf die Verhältnisse anderer Länder übertragen zu können, ohne zu beachten, daß hier das quantitative und qualitative Verhältnis von Kapital- und Arbeitsfaktor, auf das das Produktivitätsgesetz den Blick von vornherein hinlenkt, ein weit ungünstigeres ist. Gewiß kann auch die Preistheorie hier kritisch einschreiten, wenn sie zum Beispiel bezweifelt, daß die Hebung der Kaufkraft wirklich an den (sachlich und örtlich) für die Absatzhebung in Betracht kommenden Märkten eine entsprechende Hebung der Nachfrage bewirkt, oder wenn sie betont, daß die Voraussetzung der Kostendegression auf Grund vermehrten Absatzes keineswegs alle Industrien trifft[21]. Sichere theoretische Ergebnisse jedoch wird die Verfolgung all der zahllosen Kanäle, in die sich eine Nominallohnsteigerung denkbarerweise ergießen kann, auch hier niemals erzielen. — Umgekehrt aber hoben auch gewisse pessimistische Sätze der klassischen Lohntheorie ihre Gebundenheit an die Voraussetzung eines bestimmten quantitativen und qualitativen Verhältnisses des Arbeitsfaktors zu den übrigen Produktionsfaktoren nicht genügend hervor. In starrem Festhalten an diesen Lehren verweigerten daher die Arbeitgeber lange Zeit Lohnerhöhungen, deren produktivitätssteigernde Wirkung sich sofort zeigte, als sie schließlich dennoch erzwungen wurden. Die ersten Aufwendungen der jungen Sozialpolitik standen so im Zeichen des aufsteigenden Astes der Ertragskurve des Produktivitätsgesetzes, so daß Löhne und Profite gleichzeitig steigen konnten[22].

[21] So H. v. Beckerath in seinem Korreferat auf der erwähnten Mannheimer Tagung der Gesellschaft für soziale Reform (Verhandlungsbericht S. 63).

[22] Schon diese erhebliche praktische Tragweite der reinen Ertragsgesetze ist K. Diehl (Zur neuesten Entwicklung der Lehre vom Einkommen und Ertrag, Schmollers Jahrb., Jahrg. 53, 1929, S. 901 ff.) entgegenzuhalten, wenn er dort in seiner Kritik der Ertragstheorie (S. 931—954) behauptet, die Aufstellung dieser Gesetze sei kaum lohnend. Von dem, was diese Gesetze für den Systematisierungszweck leisten, den meine Erkenntnislehre als Hauptaufgabe der reinen Wirtschaftstheorie betont (siehe Theorie des Ertrags, S. 3, 18 u. ö., und Teleologische und technologische Wirtschaftsauffassung, a. a. O. S. 322, 345, 354), sehe ich dabei noch ganz ab.

IV. Einigungs- oder Schiedsgrundsatz?

Zudem aber liefert das Produktivitätsgesetz als Grundgesetz der Ertragstheorie insbesondere durch seinen Hinweis auf die Elastizität der Produktionsfaktoren, auf die Umgliederungsfähigkeit der Wirtschaftskomplexe also, den systematisch-theoretischen Ausgangspunkt für dynamisch-deskriptivere Forschungen, deren Aufgabe es ist, auch im Rahmen der Wirtschaftswissenschaft bzw. der Sozialpolitik (als angewandter wirtschaftswissenschaftlicher Disziplin) die Möglichkeiten eines produktiven sozialpolitischen Eingreifens näher zu untersuchen. Erst diese nähere Untersuchung gerade der Elastizitätsverhältnisse der verschiedenen Wirtschaftsgebiete würde das näher aufzuklären haben, was die klassische Preistheorie als „Friktionen" ausscheidet. Die schon deskriptivere Theorie der „Elastizität" im Sinne unserer ertragstheoretischen Begründung dieses Begriffs wäre eine Theorie dieser Friktionen. Sie erst vermag die Brücke von der klassischen Theorie zur Sozialpolitik zu schlagen[23], nur sie kann die theoretische Grundlage liefern für eine Verschmelzung jener „beiden Nationalökonomien", von denen Götz Briefs im Hinblick auf den Kampf der liberalistischen und kollektivistischen Tendenzen in der heutigen Wirtschaft spricht[24]. Folgen wir zunächst im wesentlichen den Andeutungen, die wir in „Angewandte Theorie der Schlichtung" (S. 368—71) diesbezüglich insbesondere hinsichtlich der Schlichtungspolitik schon machten:

Unterstellen wir ohne Rücksicht auf die Möglichkeiten der Wirklichkeit ein Höchstmaß von Weitblick und Initiative völlig rational wirtschaftender Individuen bei idealtypisch freier Konkurrenz, so ist unter dem Gesichtspunkt wirtschaftlicher Produktivität für eine Schlichtung, die mehr ist als eine bloße Unterstützung der Parteien beim Markten um den Preis der Arbeit, sowenig Platz wie für irgendeine sonstige Betätigung autoritärer Lohnpolitik. Die Wirtschaftenden einer solchen dann restlos elastischen (umgliederungsfähigen) hypothetischen Wirtschaft würden im freien Spiel der Kräfte stets selbst jenes wirtschaft-

---

[23] Übrigens eignet die Ergänzungsbedürftigkeit der klassischen Theorie, die sich insofern ergibt, nicht in gleichem Maße auch den praktischen sozialpolitischen Auffassungen der Klassiker; vgl. dazu Adolf Weber, Die sozialpolitischen Lehren der klassischen Nationalökonomie (Conrads Jahrb. f. Nationalök. u. Stat., III. F., 77. Bd., S. 1 ff.).

[24] Vgl. Götz Briefs, Der Weg der Sozialpolitik, Magazin der Wirtschaft, Jahrg. 1930, Nr. 1, S. 7 ff.; siehe auch sein Referat auf der XI. Tagung des Vereins für soziale Reform in Mannheim.

liche Optimum in der Gestaltung der Arbeitsbedingungen treffen, auf das eine produktive Lohnpolitik hinwirken muß. Aber jene Wirtschaftseinsicht läßt besonders bei plötzlichen und tiefgreifenden Umgliederungen der Wirtschaft häufig so stark zu wünschen übrig, daß die empirische Wirtschafts- und Sozialpolitik mit jenen Voraussetzungen einer idealtypisch-elastischen Wirtschaft oft auch nicht annähernd rechnen kann. So legte bekanntlich zu Beginn des vorigen Jahrhunderts die gewaltige Veränderung in den Mitteln der Wirtschaft, die von den technischen Erfindungen ausging, die Schranken aller patriarchalischen wirtschaftlichen und sozialen Beziehungen nieder, die bei langerprobter Zweckmäßigkeit schließlich auch eine ethische Betonung erlangt hatten. Der neue Zustand war zunächst gekennzeichnet durch eine natürlich-monopolistische Vormachtstellung des Unternehmers auf dem Arbeitsmarkt. Die Unternehmer, noch Neulinge in der durch die Entwicklung der Industrie bedingten Bewirtschaftung von Menschenkräften, benutzten ihre wirtschaftliche und politische Macht bekanntlich zu einer Lohngestaltung, die, ganz abgesehen von allen ethischen Idealen, auch wirtschaftlich überaus kurzsichtig und völlig nichtoptimal war. Politische Eingriffe (Koalitionsverbote) taten ein übriges, um eine schnelle Umgliederung und Anpassung der Wirtschaftsglieder an die neue Lage und damit auch einen Ausgleich in den Verteilungsverhältnissen zu verhindern. Damals mußten, angeregt von einzelnen Vorkämpfern, die Volksgemeinschaften mit autoritärer Sozialpolitik auf dem Arbeitsmarkt Bedingungen durchsetzen, die sich zum guten Teil selbsttätig hergestellt hätten, wenn die Einzelwirtschafter eine völlige Einsicht in das Verhältnis von Lohn und Leistung besessen hätten.

Heute stehen sich die Parteien des Arbeitsmarkts fast überall organisiert gegenüber. Dennoch vermögen auch heute Ungleichheiten in den wirtschaftlichen Machtverhältnissen der beiderseitigen Organisationen starke Elastizitätshemmungen der Volkswirtschaft zu bedingen. Vor allem die geschlossenere Organisierung einer der Arbeitsmarktparteien bedingt hier Machtunterschiede, die zu einer wirtschaftlich kurzsichtigen, nichtoptimalen Lohngestaltung zu verleiten. Auf beiden Fronten des Wirtschaftskampfes zwar erwächst aus der Einschränkung des Verbrauchs (Surrogatgüter) einerseits und aus dem Aufkommen von Außenseiterkonkurrenz andererseits der Preispolitik auch der mächtigsten monopolistischen Marktorganisationen schließlich eine Begrenzung, die im Schrumpfen des Absatzes zur Erscheinung gelangt. Diese Begrenzung setzt auf die Dauer auch dem ausgesprochen monopolistischen Zusammenschluß gegenüber jene Tendenz zum Ausgleich auf ein Optimum durch, die die wichtigste Wirkung der Elastizität ist. Sie wird für die Verteilungstheorie durch die Lehre Ricardos vom „natürlichen Preis" oder durch Liefmanns „Ausgleich der Grenzerträge" und für die Ertragstheorie durch das Optimumgesetz[25] festgestellt. Insofern also stehen auch die monopolistischen Marktorganisationen „innerhalb, nicht außerhalb der freien Konkurrenz" (Adolf Weber). Wann und mit welchem Nachdruck aber jene tendenzielle Begrenzung sich geltend macht, hängt ab von dem Maß der Elastizität (Umgliederungsfähigkeit), über das die Wirtschaft verfügt: Je länger ein Mangel an solcher Elastizität einer kursichtigen Preispolitik übermächtiger monopolistischer Wirtschaftsorganisationen die Mißachtung jener Grenzen ermöglicht, desto größer ist die Produktivitätsminderung für die Wirtschaft und die Schwingungsweite des schließlich doch unvermeidlichen Preisrückschlags.

Auf dem Sachgütermarkt, wo die Produzenten den Konsumenten ja meist einseitig gegenüberstehen, erschließen sich die Kartelle dennoch der Einsicht jener Begrenzung anscheinend leichter. Gerade auf dem Arbeitsmarkt (dem Markt der persönlichen Güter) aber mit seinen häufig so viel leidenschaftlicheren Preiskämpfen wird diese Einsicht beiden Seiten nur zu leicht durch den Rausch besonders neu und plötzlich erworbener wirtschaftlicher Machtstellungen verdunkelt. Und doch gilt auch hier ganz Entsprechendes wie auf dem Sachgütermarkt: Für die Arbeitnehmerorganisationen, die gleichsam den „Verkauf" der Arbeitsfähigkeiten ebenso zu monopolisieren suchen, wie auf dem Sachgütermarkt die Kartelle ihre Produkte, entspricht der Ein-

---

[25] Das Optimumgesetz, wie wir es in der Abhandlung: Ertragstheorie und Verteilungstheorie (Conrads Jahrb., III. F., Bd. 73, S. 17) entwickelten, besagt, daß innerhalb eines Komplexes elastischer komplementärer Produktivgüter jede kostenmäßige Veränderung eines Produktivgutes eine Umgliederung der Leistungen aller Produktivgüter in der Richtung einer Angleichung an das Produktionsoptimum zur Folge hat. Als ertragstheoretische Begründung des Ausgleichsgedankens hat es vor den entsprechenden Behauptungen der klassischen Preis- und Verteilungstheorie die Anwendbarkeit auch auf solche Wirtschaftskomplexe voraus, die sich zur Durchführung ihrer arbeitsteiligen Organisierung nicht des Preismechanismus bedienen.

schränkung des Verbrauchs durch die Gegenseite Arbeitslosigkeit und Kurzarbeit. Die Außenseitergefahr besteht für sie in jener Abdingung der Tarife, die bei entsprechender Arbeitsmarktlage oft auch durch gesetzliche Unabdingbarkeitsvorschriften nicht verhindert werden kann[26]. Für die Arbeitgeberverbände andererseits entspricht dem „Schrumpfen des Absatzes" ein Schrumpfen der Möglichkeit, für den Lohn die Ware zu erhalten, die er kaufen soll, das heißt also ein Rückgang der Arbeitsfähigkeiten durch Verelendung oder Abwanderung der Arbeiterschaft.

Warum also macht sich jene tendenzielle Begrenzung der Preisgestaltung, jenes wichtige Moment einer Selbststeuerung der Wirtschaft, gerade auf dem Arbeitsmarkt erst so spät fühlbar, daß ein autoritäres Eingreifen der Sozialpolitik, sofern es nach Art und Maß gewisse Grenzen nicht überschritt, sich jahrzehntelang als produktiv erweisen konnte? Der Grund dafür kann nach dem Gesagten nur in besonderen Elastizitätsverhältnissen des Arbeitsmarktes gesucht werden. Es fehlt, wie gesagt, noch sehr an wirtschaftstheoretischen Untersuchungen, die mit dem dazu erforderlichen deskriptiveren Einschlag die Bedingungen untersuchen, die für die Elastizität der verschiedenen Märkte maßgebend sind. Allgemein wies hier v. Zwiedineck-Südenhorst auf die Macht der Gewohnheit hin, und sicherlich ist dieses Trägheitsmoment der Preisgestaltung gerade auch auf dem meist sehr unübersichtlichen, in unzählige Teilmärkte zergliederten Arbeitsmarkt von besonderer Bedeutung. Ein weiteres Moment, das

---

[26] Diese Zusammenhänge dürfte Sinzheimer nicht genügend berücksichtigt haben, wenn er in seinem Referat auf der XI. Tagung der Gesellschaft f. soz. Reform ausführte: „Die Argumentation gegen den ‚Gewalteingriff' (der Verbindlicherklärung) hat nur dann einen Sinn, wenn man sie überhaupt gegen den gebundenen Lohn einsetzt, einerlei, ob er auf freiwilligem oder auf Zwangstarifvertrag beruht. Jeder Tariflohn schaltet das Wirken von Angebot und Nachfrage auf dem freien Arbeitsmarkt aus, indem die Grenze des Nachgebens der Arbeiter unabdingbar von vornherein gezogen ist." (Verhandlungsbericht S. 42.) Es muß auch zwischen dem Kampf um den Abschluß einer tariflichen Vereinbarung und dem Kampf um die Innehaltung der getroffenen Vereinbarung unterschieden werden. Das eine ist unmittelbar eine Frage der Lohnbildung, das andere primär eine Frage der Vertragsbefolgung. Daß durch die Vorschrift der Unabdingbarkeit der Tarife die Monopolkraft der Arbeitnehmerorganisationen eine erhebliche Stärkung erfährt, muß man Sinzheimer freilich zugeben.

der Elastizität gerade des Arbeitsmarktes abträglich ist und die Schwingungsweiten der Abweichungen seiner Preisgestaltung vom Optimum leicht vergrößert, liegt wohl in der Schwierigkeit einer schnellen Einschränkung, Ausdehnung oder auch Umstellung der beiderseitigen Produktionen, die ihre Leistungen auf dem Arbeitsmarkt zu komplementärer Zusammenarbeit vereinigen.

Vor allem auf der Seite der Arbeitnehmer ist hier auf die langen Umschlagsperioden zu verweisen, die der organischen Produktion (der Beschaffung persönlicher Güter) eignen sowohl da, wo sie als Bevölkerungsreproduktion, als auch da, wo sie als Berufsausbildung in Erscheinung tritt. Beides bereitet oder erschwert eine zweckmäßige Beeinflussung des Angebots von Arbeitskräften durch die Produzenten der organischen Produktion (das sind hier die Arbeitnehmer) besonders dann, wenn noch Freizügigkeitsbeschränkungen (Wohnungsnot, Auswanderungsverbote) und Mangel an Marktüberblick (Arbeitsnachweisen, Berufsberatung!) hinzutreten. Auf der Seite der Arbeitgeber wirkt das Anwachsen der fixen Kosten in der industriellen Sachgüterproduktion neuerdings in gleicher Richtung. Beide Parteien werden nicht zuletzt durch diese Sachlage zur Organisierung gedrängt. Erlangt dabei eine Seite eine größere Geschlossenheit und Macht als die andere, so liegt die Gefahr eines produktivitätsmindernden Mißbrauchs solcher wirtschaftlicher Übermacht besonders nahe.

In allen Fällen, in denen die angedeuteten Verhältnisse einen Mangel an Elastizität des Arbeitsmarktes und damit eine nichtoptimale Gestaltung der Arbeitsbedingungen ermöglichen, wird die Sozialpolitik mit einer wirtschaftlichen Produktivität lohn- oder arbeitspolitischer Eingriffe rechnen können, die die Arbeitsbedingungen im Sinne des Optimums korrigieren. Im Ausmaß dieser Elastizitätshemmungen wäre also auch für die Schlichtungspolitik die Frage zu bejahen, die Sitzler auf der Mannheimer Hauptversammlung der Gesellschaft für Soziale Reform[27a] dem Korreferenten H. v. Beckerath entgegenhielt: „Bleibt nicht innerhalb der Marktgesetze genug Spielraum für eine segensreiche Tätigkeit des Schlichtungswesens?" Jedoch muß die Schlichtungspolitik wie alle

---

[27] Näheres s. Angew. Th. d. Schl., S. 376.
[27a] Vgl. den schon zitierten Verhandlungsbericht S. 97.

Sozialpolitik dabei außer dem Maß auch die Art des Eingriffs zweckmäßig auswählen: Nicht ohne weiteres darf sie sich zu Maßnahmen entschließen, die, wie wir das für die Zwangsschlichtung, die Schiedssprechung also, feststellten, dem Wesen des unmittelbaren sozialpolitischen Eingriffs schon sehr nahe kommen.

Wenn nämlich die bisherigen Überlegungen die Möglichkeit der Korrekturen von Elastizitätshemmungen bejahen und so für eine gewisse Orientierung der Schlichtung am Schiedsprinzip sprechen, so weisen andere Erwägungen doch auch stark auf den Einigungsgrundsatz hin und warnen vor einer Übertreibung jener Orientierung. Der Mangel an Elastizität (Umgliederungsfähigkeit) der Wirtschaft verhindert, sahen wir, den automatischen Ausgleich der Wirtschaftskräfte auf ein optimales Verhältnis und läßt ein bestimmtes Maß sozialpolitischer Einwirkung, das diese Elastizitätshemmungen korrigiert, als produktivitätssteigernd erscheinen. Dieser Mangel an Elastizität, an Selbststeuerungsfähigkeit der Wirtschaft beruht aber vor allem auch auf einem Mangel an Wendigkeit, Übersicht und Initiative des Einzelnen und der Gruppen. Ein Vorgehen der Sozialpolitik und der Schlichtungspolitik insbesondere, das diesen Mangel an Wendigkeit und Initiative durch Lähmung der Selbstverantwortlichkeit und der Selbsthilfe der Einzelnen und der Gruppen noch verstärkt, würde daher den Fehler, der dies Eingreifen erst erforderlich macht, von dieser Seite her selbst noch vergrößern. Diese Nachteile einer Lähmung der Selbstverantwortlichkeit der Arbeitsparteien aber sind, das stellten wir oben schon fest und werden wir bald noch genauer sehen, von einer Befolgung des Zwangsprinzips (Schiedsgrundsatzes) stets weitgehend zu befürchten. Letztlich nur das Maß von Selbstzucht und Gemeinsinn der Arbeitsparteien entscheidet darüber, inwieweit sich das Gewinnstreben des Einzelnen oder der Gruppe auf die Ausnützung der Schwächen eines solchen am Schiedsgrundsatz orientierten, zentralistischen Schlichtungssystems einstellt.

Weiter wird vor einer zu weit gehenden Befolgung des Schiedsprinzips auch die Überlegung warnen, daß nach dem heutigen Stande unseres Wirtschaftswissens sowie auch unserer statistischen und verwaltungstechnischen Möglichkeiten der Wirtschafts- und Sozialpolitiker sich der Wirtschaft gegenüber immer mehr oder weniger in der Lage eines Arztes befindet, der die Folgen seiner medizinischen Anordnungen bei weitem nicht in allen Fällen mit restloser Sicherheit zu beurteilen

IV. Einigungs- oder Schiedsgrundsatz?

vermag. Einem solchen Arzt wird man da, wo die Dringlichkeit eines schwereren Eingriffes nicht ganz offenbar ist, mehr zu homöopathischen als zu allopathischen Dosen raten. Auch die unmittelbar ideologischen Wirkungen eines stark am Schiedsgrundsatz orientierten Schlichtungswesens auf das Klassenverhältnis werden unter Umständen von dieser Sachlage berührt, die gerade der Wirtschaftswissenschafter bedauern aber zugeben muß. Denn mag nun jene Unsicherheit der wirtschaftswissenschaftlichen Diagnose und Prognose im Einzelfall des lohnpolitischen Eingreifens durch die Schiedssprechung wirklich bestehen oder nicht, so hat doch fast stets die Partei, deren Nominaleinkommen im Wege des autoritären Schiedsverfahrens verschlechtert wird, das Empfinden eines Patienten, an dem ein Arzt trotz häufiger Unsicherheit seines ärztlichen Wissens eine Zwangsamputation vornimmt: Sicher erscheint ihr dann nur, daß ihre wirtschaftliche Lage sich durch Kürzung des Nominallohnes bzw. Nominalprofits zunächst einmal verschlechtert. Ob die durch die Schiedssprechung ermöglichte spätere wirtschaftliche Entwicklung diese gegenwärtige nominelle Einkommensverschlechterung durch eine Erhöhung des Realeinkommens mehr als ausgleicht, oder ob dies Einkommen ohne jene „Amputation" am Nominaleinkommen sich noch mehr verschlechtert hätte — das sind unsichere Erwägungen, die über den sicheren gegenwärtigen Verlust nicht leicht hinweghelfen und die augenblickliche Unzufriedenheit oft nicht zu besänftigen vermögen. So hat in dem Lande mit dem ausgeprägtesten Schieds- und Lohnamtssystem, Australien, die British Economic Mission, die als Sachverständigenkommission auf Einladung der Regierung die dortigen wirtschaftlichen Verhältnisse untersuchte, in ihrem Bericht feststellen müssen, daß das System den Gegensatz zwischen Arbeitnehmern und Arbeitgebern nur immer mehr verschärft hat. Allerdings kam hier noch eine offenbar fehlerhafte Handhabung des Systems hinzu.

Besonders schwierig und für alle beteiligten Gruppen äußerst gefährlich können diese Zusammenhänge dadurch werden, daß eine gewisse politische Färbung gerade vom Schiedsverfahren, wie wir (oben S. 29) schon sahen, schlechterdings nicht fernzuhalten ist. Denn wenn die Schlichtung im Ausmaße ihrer Orientierung am Schiedsprinzip autoritäre unmittelbare Sozialpolitik ist, so muß sie insoweit auch unter der Kontrolle der Faktoren stehen, die politisch für die Wirtschafts- und Sozialpolitik verantwortlich sind. Nun bietet bekanntlich

keine Staatsform eine völlige Gewähr dagegen, daß in der politischen
Leitung nicht die Wünsche einer bestimmten Klasse eine unsachlich
bevorzugte Berücksichtigung finden. Gegen den Willen einer solchen
politisch mächtigen Gruppe im Wege der Schiedssprechung eine wirt=
schaftlich erforderliche „Amputation" an deren Nominaleinkommen
durchzusetzen, erfordert von den politischen Organen auch beim Vor=
handensein der nötigen „Zivilcourage" eine stärkere Machtposition
gegenüber der eigenen politischen Anhängerschaft, als sie unter den
meisten Umständen vorausgesetzt werden kann. So tritt dann der
politische Lohn an die Stelle des wirtschaftlich richtigen
Lohnes, und ehe die bitteren Lehren der wirtschaftlichen Entwicklung
selbst jene politisch mächtige Gruppe entweder zur Einsicht oder um
ihre politische Machtposition bringen, vergehen oft Jahre schwerer
wirtschaftlicher Verluste bzw. sozialpolitischer Versäumnisse.

Das Beispiel Australiens beweist das bezüglich der Arbeitnehmer=
schaft, die dabei politisch „am Ruder" war: Hier vermochte eine Nomi=
nallohnsteigerung, die mit Hilfe des Lohnamts= und Schiedsverfahrens
zehn Jahre hindurch (1911—1921) ununterbrochen fortgesetzt wurde,
den Reallohn der gewerblichen Arbeiter (unter Berücksichtigung der
Arbeitslosigkeit) niemals über den Stand des Ausgangsjahres zu heben,
sondern ließ ihn zum Teil erheblich darunter sinken. Erst ein Sinken
und ein darauffolgendes Gleichbleiben des Nominallohnes (im Jahre
1922 und 1923) konnte dann die Reallöhne über den Stand des Aus=
gangsjahres erheben[28]. Der heftige und lange erfolgreiche Widerstand

---

[28] Näheres s. bei E. Leidig, Das Zwangsschiedsgericht und die Lohn=
ämter in Australien, in: Zwangsschiedsspruch und Schlichtungswesen,
Jena 1929, S. 187 ff. — Nicht ohne Belang ist in diesem Zusammen=
hang auch H. v. Beckeraths Hinweis: „daß in England, wo bekannt=
lich ganz zweifellos etwa seit 1875 durch das Wachstum der Gewerk=
schaften eine starke sozialpolitische Beeinflussung stattfand, die Real=
lohnsteigerung der Arbeiterschaft zwischen 1875 und 1900 nicht stärker ist
als zwischen 1850 und 1875, nach 1900 sogar trotz aller sozialpolitischen An=
strengungen ein Abstieg des Reallohns stattfand, während, ein weiteres
Beispiel, in Deutschland, wo im Zusammenhang mit besseren Wirtschafts=
bedingungen zwischen 1890 und 1900 der Reallohn sich sehr stark steigerte,
die fortgesetzten verstärkten Anstrengungen der Sozialpolitik nach 1900 nur
noch eine ganz minimale Steigerung zuwege brachten. Auf der anderen
Seite steht Amerika, wo ohne wirksame wesentliche Sozialpolitik die Real=
löhne bekanntlich bedeutend höher stehen als in Europa" (a. a. O. S. 61).
Alle diese Beobachtungen sprechen nicht gegen die Wirksamkeit einer Sozial=

gegen eine produktive Sozialpolitik in deren Anfangszeiten andererseits zeigt mit umgekehrtem Vorzeichen das gleiche bezüglich der Arbeitgeberschaft, die damals ja die Arbeitnehmerschaft an politischem Einfluß in den meisten Ländern bei weitem übertraf. Die Fehler einer Sozialpolitik, die politisch liebedienerisch und dadurch wirtschaftlich unproduktiv war, haben schon zum Untergang ganzer Kulturen wesentlich beigetragen[29].

Alle diese Erwägungen pro et contra scheinen uns unter den gegenwärtigen Umständen in Deutschland für einen Mittelweg zu sprechen, der die Schlichtung grundsätzlich am Einigungsgrundsatz orientiert und den Schiedsgrundsatz nur insoweit befolgt, als ein unmittelbares und augenscheinliches Interesse der Volksgemeinschaft es erfordert. In den meisten Kulturstaaten, deren volkswirtschaftliches Gedeihen von der Produktivität eines entwickelten Gewerbes weitgehend abhängt, herrscht denn auch gegenwärtig der Einigungsgrundsatz vor, und zwar so gut wie ausschließlich in England, Frankreich, Schweiz, den Vereinigten Staaten[30], Schweden, Belgien, Kanada[31] und Japan. Der australische Bund und Sowjetrußland, in deren Industrie demgegenüber das Schiedsprinzip vorherrscht, kommen, auch abgesehen von den dort damit erzielten wirtschaftlichen Mißerfolgen, hier nicht als Gegenbeispiele in Betracht. Denn sie sind vorwiegend Agrarstaaten, auf dem Gebiet der Landwirtschaft aber hat die Zwangsschlichtung dort keine Bedeutung, sei es wegen der bisher geringen Zahl landwirtschaftlicher Lohnarbeiter (Sowjetrußland und Australien), sei es auf Grund gesetzlicher Ausnehmung dieses Wirtschaftsgebietes von der Schlichtungsregelung (zum Teil in Australien). Der Verbindung von Einigungs- und Schieds-

---

politik, die mit den Gesetzen der Wirtschaft rechnet. Sie sprechen aber für die Wirkungslosigkeit, ja Abträglichkeit einer Sozialpolitik, die unter Außerachtlassung dieser Gesetze den Vorurteilen von Volksgruppen schmeichelt, die über die wirtschaftlichen Zusammenhänge nicht genügend unterrichtet sind.

[29] Vgl. W. Weddigen, Sozialpolitik als Schicksalsfrage der Antike. Conrads Jahrb. f. Nat. u. Stat., III. F., Bd. 76, S. 371ff.

[30] Einige Staaten der USA. kennen eine Erzwingung von Schiedssprüchen, denen sich die Parteien vorher unterworfen haben.

[31] Canada, Belgien und Schweiz erzwingen nur die Wahrung des Schlichtungsfriedens, d. h. die Unterlassung von Kampfhandlungen vor Erschöpfung der Schlichtungsmöglichkeiten.

grundsatz, die wir hier fordern, nähert sich wohl am meisten die Schlichtungsregelung, wie sie in Norwegen seit 1927 besteht. Deutschland ist zwar nach der Absicht seiner gesetzlichen Regelung ähnlich orientiert, faktisch aber herrscht hier, wie wir noch sehen werden, der Schiedsgrundsatz in letzter Zeit fast ebenso stark vor wie im „Schlichtungsfaschismus" Italiens und Spaniens.

Schon aus dieser unserer Bemerkung über die deutsche Regelung ist zu entnehmen, daß die Verbindung der beiden verschiedenen Schlichtungsgrundsätze in einem Schlichtungssystem, wenn sie ihren Zweck wirklich erreichen soll, wohl überlegt sein will. Und in der Tat: Wie Kompromisse mitunter gefährlicher sind als Extreme, so stellt gerade die Verbindung von Einigungsgrundsatz und Schiedsgrundsatz, die wir hier fordern, die Schlichtungsgesetzgebung vor schwierige Aufgaben. Sie seien im folgenden näher untersucht.

V. Die Verbindung von Einigungs- und Schiedsgrundsatz im Schlichtungssystem.

Da die Schlichtung, wie wir sahen, stets vom Einigungsgrundsatz ausgeht und erst bei dessen Unzulänglichkeit sich mehr am Schiedsgrundsatz orientiert, so ist diese Verbindung von Einigungs- und Schiedsgrundsatz zweckmäßig nicht eine alternative, sondern eine kumulative: Man wendet den Einigungsgrundsatz zunächst bei der Schlichtung aller Streitfälle an und folgt erst nach Erschöpfung dieser Schlichtungsmittel dem Schiedsgrundsatz für diejenigen Fälle eines unmittelbaren Gemeinschaftsinteresses, die man ihm, wie angedeutet, unterstellen will.

Auch diese kumulative Verbindung der beiden, wie wir sahen, polar verschiedenen Schlichtungsgrundsätze wiederum wird auf zwei Arten durchgeführt.

Die eine Art (1) verbindet beide Grundsätze in ein und demselben Schlichtungsverfahren: man versucht zunächst bei allen Streitfällen den Einigungsgrundsatz in allen drei Stadien des Verfahrens, im Einleitungs-, Betreibungs- und Verwirklichungsstadium. Kommt man damit nicht zum Ziel, so unterstellt man für die Fälle der oben angedeuteten Art die Schlichtungsmittel nur im Verwirklichungsstadium dem Schiedsgrundsatz: Der im bisherigen Schlichtungsverfahren erzielte Einigungsvorschlag wird von einer oberen Schieds-

V. Verbindung von Einigungs- und Schiedsgrundsatz im Schlichtungssystem.

stelle so, wie er ist, als verbindlicher Schiedsspruch unter einen mehr oder weniger starken Zwang gestellt. — Die andere Art (2) der Verbindung der beiden Grundsätze unterstellt gleichfalls zunächst alle Streitfälle dem Einigungsgrundsatz in allen drei Stadien des Einigungsverfahrens. Bleibt aber dies Verfahren fruchtlos, so durchlaufen die Streitfälle, auf die man den Schiedsgrundsatz anwenden will, nunmehr alle drei Stadien eines weiteren Schlichtungsverfahrens, das in allen diesen drei Stadien am Schiedsgrundsatz orientiert und hinsichtlich seines Schiedsspruchs von dem Entscheid des voraufgegangenen Einigungsverfahrens grundsätzlich unabhängig ist. Das Einleitungsstadium (I) entscheidet dabei die Zuständigkeitsfrage, das heißt die Frage, ob der betreffende Streitfall zu dem Kreis von Streitfällen gehört, die die Schlichtungsregelung als schiedsfähig dem Schiedsgrundsatz unterstellt wissen will.

Die erste Art (1) dieser beiden Verbindungsmöglichkeiten von Einigungs- und Schiedsgrundsatz ist zum Beispiel gegenwärtig in Deutschlands staatlicher Schlichtung (nach der Schlichtungsverordnung von 1923) eingeführt:

Das Schlichtungsverfahren, das man hier nach Versagen der etwa gegebenen tariflichen Einigungsmöglichkeit zunächst anwendet, entspricht im Vorbereitungs- und Betreibungsstadium (I und II) im wesentlichen dem Einigungsgrundsatz. Einige Ausnahmen ändern hieran nichts (das Schlichtungsverfahren kann zum Beispiel auch von Amts wegen eingeleitet werden, wenn das öffentliche Interesse es erfordert, auch konnte bisher, was nach dem Reichsarbeitsgericht jetzt nicht mehr zulässig ist, der Vorsitzende bei Stimmengleichheit der Parteibesitzer selbständig einen Entscheid fällen). Versagt dies Verfahren im Verwirklichungsstadium (III) dadurch, daß eine der oder beide Parteien den Einigungsvorschlag des Schlichtungsorgans nicht annimmt, so wird mit der Verwirklichung dieses Schlichtungsentscheids ein anderes Organ befaßt, nämlich in den weniger weitgreifenden Fällen unter Umständen der Schlichter (Verwaltungsbeamter), sonst der Reichsarbeitsminister. Auf Antrag der Partei, die den Einigungsvorschlag angenommen hat oder, wenn das öffentliche Interesse es erfordert, auch von Amts wegen können diese Organe dem Einigungsvorschlag durch Verbindlicherklärung den Charakter einer abgeschlossenen Gesamtvereinbarung (also privatrechtliche Vertragskraft) verleihen, wenn die im Schiedsspruch getroffene Regelung bei gerechter

Abwägung der Interessen beider Teile der Billigkeit entspricht und die Durchführung dieser Regelung aus wirtschaftlichen und sozialen Gründen erforderlich ist. Hält das Schiedsorgan diese sehr dehnbaren Voraussetzungen für gegeben, so folgt diese Art der Durchsetzung des Schlichtungsergebnisses also weitgehend dem Schiedsgrundsatz. Dabei darf aber (mangels Übereinstimmung der Parteien) der ergangene Schlichtungsentscheid nicht abgeändert, das Betreibungsstadium (II) also nicht etwa auch im Sinne des Schiedsgrundsatzes wiederholt werden. Vielmehr wird das Schiedsorgan die Verbindlicherklärung des Entscheids, den ihm das Einigungsverfahren liefert, pflichtmäßig auch dann aussprechen müssen, wenn es diese Verbindlicherklärung nur im Vergleich mit der Wahrscheinlichkeit des andernfalls zu gewärtigenden offenen Arbeitskampfes für das kleinere Übel hält.

Vom Standpunkt einer Schlichtungsregelung, die grundsätzlich dem Einigungsgrundsatz folgen und mit ihm nur für bestimmte Streitfälle eines unmittelbaren Allgemeinheitsinteresses den Schiedsgrundsatz verbinden will, kann diese Art der Verbindung von Einigungs- und Schiedsgrundsatz unseres Erachtens gar nicht nachdrücklich genug als verfehlt und in sich widerspruchsvoll abgelehnt werden. Der Grund dafür liegt in der oben dargelegten polaren Verschiedenheit, die die beiden Schlichtungsgrundsätze, Einigungs- und Schiedsgrundsatz, nach Zielen und Mitteln aufweisen:

Führt man nämlich in das Verwirklichungsstadium (III) eines sonst hinsichtlich seiner Mittel mehr am Einigungsgrundsatz orientierten Schlichtungsverfahrens den Schiedsgrundsatz ein, so schlägt dieser letztere Grundsatz in dem Schlichtungssystem, das dabei herauskommt, durch, wie südliches Blut in einer Mischehe. Die Parteien stellen sich dabei sofort darauf ein, daß sie keinen drohenden Arbeitskampf mit allen seinen wirtschaftlichen und sozialen Gefahren durch Einigung vermeiden, sondern eine Arbeitsbeschwerde ohne jedes Risiko zur Entscheidung durch die Staatsautorität zu bringen haben. So ist für beide Teile der extremste Standpunkt immer der lohnendste, und man fordert unter entsprechender Darstellung der Sachlage das Doppelte, um jedenfalls die Hälfte zu erhalten. Und in der Tat zwingt dieser (für das Schiedsverfahren typische) Mangel an verantwortungsbewußter Mitarbeit der Parteien das Schlichtungsorgan nur zu oft zu der Halbierungstaktik, auf die die Parteien dabei spekulieren, und

V. Verbindung von Einigungs- und Schiedsgrundsatz im Schlichtungssystem.

die in Deutschland berüchtigt genug ist. In einem Schlichtungsverfahren, das mit allen drei Stadien dem Schiedsgrundsatz folgt, verfügt der Schlichter stets im Betreibungsstadium (II), wie wir sahen, über die erforderlichen inquisitorischen Mittel (Zuziehung von Zeugen und Sachverständigen von Amts wegen, amtlich veranlaßte Enqueten usw.) zur Ermittlung des wahren Sachverhalts. In dieser Zwitterregelung aus Einigungs- und Schiedsgrundsatz dagegen ist er fast völlig auf eine halbierende Verlegenheitstaktik angewiesen; die schwachen Mittel des Einigungsverfahrens, über die er im Betreibungsstadium (II) hier nur verfügt, bieten ihm kaum die Möglichkeit zur Feststellung des wahren Sachverhalts. Als Einigungsorgan soll ja der Schlichter mehr nur zur Einigung der Parteien vermittelnd Beihilfe leisten, und dazu genügt, wie wir sahen, der Parteibetrieb (Anhörung der Parteiverträge, keine Auskunftspflicht der Parteien)[32]. Nur der viel einschneidendere, verantwortlichere und die Staatsautorität engagierende Schiedsgrundsatz bedingt, wie wir sahen, die Untersuchungsmaxime.

Bei alledem weiß hier der Schlichter aber auch nicht einmal, ob es im Verwirklichungsstadium (III) beim Einigungsverfahren bleiben wird, oder ob sein Einigungsvorschlag (nach der Ablehnung seitens einer Partei) als verbindlicher Schiedsspruch aufersteht. Denn hierüber entscheidet ja erst die obere Schiedsstelle: ohne den Spruch inhaltlich abändern zu dürfen, macht diese sich schlüssig, ob ein genügendes unmittelbares Gemeinschaftsinteresse an der Verbindlicherklärung des Spruchs gegenüber der Gefahr, mit der der Ausbruch des offenen Arbeitskampfes die Allgemeinheit bedroht, das kleinere Übel darstellt. Diese Unsicherheit des Schlichters über seine Aufgaben (ob Einigungs- oder Schiedsorgan) ist um so unhaltbarer, als beide Aufgaben ja, wie wir sahen, polar verschieden sind: Als Einigungsorgan hat der Schlichter die tatsächliche wirtschaftliche Machtlage stets wenigstens in etwa zur Grundlage zu nehmen. Als Schiedsorgan dagegen hat er als Organ der offiziellen Lohnpolitik in erster Linie seine Instruktionen „von oben" (in Deutschland bekanntlich vom Reichsarbeitsminister) zur Geltung zu bringen. Beides ist oft unvereinbar, und die hierdurch bedingte Lähmung des Einigungsverfahrens verlegt ihrerseits auch

---

[32] Nach der deutschen Regelung (§ 21, AusfVO. z. SchlVO.) kann das Schlichtungsorgan selbst Auskunftspersonen nur hören, wenn die Parteien sie stellen.

wieder das Schwergewicht des Schlichtungsspstems auf den Schiedsgrundsatz, der zuletzt als Deus ex machina alle Widersprüche und Schwierigkeiten mit der Möglichkeit der Verbindlicherklärung heilen muß.

Nach allem sucht in diesem Wechselbalg von Einigungs- und Schiedsverfahren ein Schlichtungsorgan, das nicht weiß, ob es Einigungs- oder Schiedsorgan ist, mit den schwachen Mitteln des Einigungsverfahrens (Parteibetrieb) gegen alle typischen Schwierigkeiten des Schiedsverfahrens (Verantwortungslosigkeit der Parteien) einen Zwitterspruch zu fällen: Findet dieser als Einigungsvorschlag keinen Anklang bei den Parteien, so hängt seine Verwendung als Schiedsspruch davon ab, ob er der oberen Schiedsstelle besser erscheint als — kein Spruch. Die Lähmung, die von den inneren Widersprüchen dieser Zwitterregelung aus Einigungs- und Schiedsgrundsatz ausgeht, läßt im Ergebnis so gut wie nur den letzteren Grundsatz zur Wirkung gelangen. Die sozialpolitische Theorie und die Theorie der Schlichtung insbesondere kann als angewandte Theorie keine spezifisch sozialpolitischen Gesetze, sondern nur hypothetische Grundsätze aufstellen, die gewisse Zweckmäßigkeitszusammenhänge mit tunlichster Allgemeingültigkeit zu erfassen suchen. Unter den Grundsätzen der Schlichtungstheorie aber, die wir (in „Angewandte Theorie der Schlichtung" S. 369/370, 385, 387) formulierten, ist einer der wichtigsten und zuverlässigsten der „Grundsatz der Gleichartigkeit der Schlichtungsstadien". Er besagt, daß die verschiedenen Stadien ein und desselben Schlichtungsverfahrens (von dessen Einleitung bis zur Verwirklichung der Schlichtung) hinsichtlich ihrer Orientierung am Einigungs- oder Schiedsgrundsatz gleichartig sein müssen, daß man also die verschiedenen Stadien ein und desselben Schlichtungsverfahrens in dieser Hinsicht niemals verschieden, sondern immer nur einheitlich orientieren kann. Seine Verletzung bedingt die soeben geschilderten Mißstände.

So widerspruchsvoll wie diese Schlichtungsregelung selbst ist, wird sie nach ihrer Aufgabe und sogar hinsichtlich ihrer Wirkung übrigens auch von ihren Urhebern beurteilt. Die Denkschrift des Reichsarbeitsministeriums[32a] bezeichnet als „die erste große Aufgabe, an der die

---

[32a] Deutsche Sozialpolitik 1918—1928, Erinnerungsschrift des Reichsarbeitsministeriums, 2. Aufl., Berlin 1929, S. 95.

V. Verbindung von Einigungs- und Schiedsgrundsatz im Schlichtungssystem.

neuen Schlichtungsorgane erfolgreich mitwirkten", den „Wiederaufbau der Löhne". Sie führt (S. 93) den „Aufbau des deutschen Lohnniveaus der Nachkriegszeit" auf die „erhebliche Mithilfe der neu organisierten Schlichtungsbehörden" zurück. Auch der Referent für Schlichtungswesen im gleichen Ministerium, Sitzler, führt in seiner schon zitierten eingehenden Abhandlung[32b] aus, es gelinge den Schlichtungsbehörden doch in großem Umfang, „ihrer lohnpolitischen Auffassung Beachtung zu verschaffen und sie allmählich durchzusetzen". Das alles entspricht dem Schiedsgrundsatz. Derselbe Autor aber weist in der gleichen Abhandlung (Sp. 11) den Schlichtungsorganen auch die Aufgabe zu, in ihren Entscheidungen „den realen Machtverhältnissen Rechnung zu tragen". Er meint dort, daß „die staatliche Schlichtung unser Lohnniveau, im ganzen betrachtet, nicht wesentlich beeinflußt hat", und führte auch auf der schon erwähnten Mannheimer Tagung der Gesellschaft für Soziale Reform[32c] die Lohnerhöhungen vor allem auf die Stärke der Gewerkschaften zurück. Das wiederum würde dem Einigungsgrundsatz entsprechen. Bei dieser Zwitterhaftigkeit von Regelung und Wollen im deutschen Schlichtungswesen ist es nicht verwunderlich, wenn der (schon an anderer Stelle von uns zitierte) treffliche Bericht des bewährten Hamburger Schlichters Bruno Müller[32d] in die zweifelnde Klage ausbricht: „Immer wieder erhebt sich in Verhandlungen und Beratungen die Frage: Soll der Schlichtungsausschuß den in sich angemessenen Lohn finden und vorschlagen oder denjenigen, der die größte Aussicht auf Billigung seitens beider Parteien zu bieten scheint?"

Man könnte einwenden, daß wir hinsichtlich des Mangels an Verantwortungsbewußtsein der Parteien zu schwarz sehen[33], daß insbe-

---

[32b] Sitzler, Soziale und wirtschaftliche Bedeutung der staatlichen Schlichtung, a. a. O. Sp. 13.

[32c] Siehe den Verhandlungsbericht a. a. O. S. 98 u. 100.

[32d] Bruno Müller, in: Kölner Vierteljahrhefte f. Sozialwissenschaften, 2. Jahrg., Heft 2/3, S. 73ff.

[33] Mitunter sucht man dem Schlichtungsproblem auch mit Heranziehung ethischer Gesichtspunkte beizukommen. Obwohl sie die Bedeutung auch dieses Moments hervorheben muß, sollte aber die Wissenschaft die Empfehlung größeren Verantwortungsbewußtseins und Gemeinsinns den Schlichtern und Sozialpädagogen selbst überlassen, ohne einen allzu großen Erfolg dieser Bemühungen vorauszusetzen. Auch das schon zitierte, sonst sehr gute Buch von O. Martin, Das Schlichtungswesen in der modernen Wirtschaft, will in der Wirtschaftsgesinnung einen „Blickpunkt

sondere bei der gegenwärtigen deutschen Regelung (der Schlichtungsverordnung von 1923) die Unsicherheit der Verbindlicherklärung des Schiedsspruchs die Gefahr einer Ergebnislosigkeit des Verfahrens enthält und so dem Verantwortlichkeitsgefühl der Parteien den Rücken stärkt. In der Tat läßt sich der Kreis der Streitfälle, die man mit dieser Regelung im unmittelbaren Interesse der Volksgemeinschaftszwecke durch die Verbindlicherklärung dem Schiedsgrundsatz zu unterstellen wünscht, nicht so genau umschreiben, daß diese Unsicherheit nicht stets in einer Anzahl von Grenzfällen bestände. Aber zunächst wird gerade bei den umfangreichsten und gefährlichsten Arbeitskämpfen die wirtschaftliche und soziale Notwendigkeit einer Vermeidung ihres offenen Ausbruchs, von der die deutsche Regelung die Verbindlicherklärung im wesentlichen abhängig macht, ohne weiteres auf der Hand liegen. So können hier die Parteien mit der Verbindlicherklärung rechnen und brauchen einen wirklichen Arbeitskampf nicht zu fürchten. Damit wird gerade in den schwerwiegendsten Fällen der Einigungsgrundsatz faktisch von vornherein ausgeschaltet. Denn auch die Vorschaltung der etwa bestehenden tariflichen Schlichtung, wie die deutsche Regelung sie begünstigt, bleibt natürlich in den meisten dieser Fälle ein frommer Wunsch der Schlichtungsverordnung. Die Partei, die auf den Schiedsgrundsatz spekuliert, trägt ihm höchstens durch Veranstaltung von Scheinverhandlungen Rechnung. In den weniger bedeutsamen Streitfällen aber, bei denen die Verbindlicherklärung zweifelhaft ist, steht auch nichts dem Versuche der Partei im Wege, zunächst einmal den Apparat der Verbindlicherklärung zu benutzen. Kommt sie damit nicht durch, so kann sie meist das erstbefaßte Schlichtungsorgan

für eine neue Beleuchtung der Schlichtung" gewinnen (S. 72). M. setzt dabei einmal (S. 86—88) die Anerkennung des Schiedsgedankens weitgehend in Parallele mit einer gesinnungsmäßigen Bejahung des Gemeinschaftsgedankens, des ethischen „Postulats der modernen Wirtschaft", ein andermal (S. 54) erteilt er trotz Ablehnung jedes Schlichtungszwanges diese sympathische Zensur. In der Tat kann auch der Liberalist oder Individualist, der den Schiedsgedanken ablehnt, vom Boden seiner Grundauffassung aus das Beste für die Gemeinschaft erstreben, das er in der Harmonie der freien Kräfte erblickt. Die Gemeinschaftsethik ist keine Domäne des Universalismus. Die Herausarbeitung der ideologischen Hintergründe der Schlichtung bei M. ist zu begrüßen, aber eine neue Beleuchtung des zentralsten Schlichtungsproblems: Einigungs- oder Schiedsgrundsatz? jedenfalls ist von der Wirtschaftsgesinnung her nicht zu gewinnen.

V. Verbindung von Einigungs- und Schiedsgrundsatz im Schlichtungssystem.

immer noch von neuem anrufen[34]. Die gar zu bedeutungslosen und daher unzweifelhaft nicht schiedsfähigen Streitfälle — in Deutschland hat man immerhin selbst Fälle bis herab zu siebzehn beteiligten Arbeitnehmern für verbindlich erklärt! — lassen sich äußerstenfalls durch Verbreiterung der Kampffront noch unter den Schiedsgrundsatz bringen. Wo alles dies nicht zutrifft, da bleibt immer die Festsetzung der Arbeitsbedingungen durch die Verbindlicherklärungen noch sehr richtunggebend auch für die Fälle, in denen man sich einigen muß[35].

Die Mißstände des deutschen Schlichtungswesens, die daher nicht wegzuleugnen sind, hat noch neuerdings ein Forscher von einwandfrei sozialer (ja sozialistischer) Gesinnung sehr treffend gekennzeichnet. Eduard Heimann führt in seinem Buche „Soziale Theorie des Kapitalismus" aus: „Freilich ist aus dem Schlichtungswesen etwas anderes ... geworden, als ursprünglich damit gemeint war. Beabsichtigt war eine Einrichtung zur Vermeidung überflüssiger und schädlicher Reibungen, also ... ein vermittelndes Eingreifen im psychologisch richtigen Augenblick, wo die Parteien sich festgerannt haben und den ersehnten Ausweg nicht finden. Die Möglichkeit der Verbindlicherklärung durch den Reichsarbeitsminister hat daraus fast das Gegenteil gemacht, nämlich eine Lohnfestsetzung durch den Staat. Es ist für die Vertreter der Parteien allzu bequem und verführerisch, sich vor ihren Anhängern mit der Ablehnung des Schiedsspruchs zu brüsten und dadurch ihre Überzeugungstreue und Kampfesbereitschaft zu demonstrieren, insgeheim aber um die Verbindlicherklärung zu betteln; öffentlich also den Staat zu verleumden und sich insgeheim von ihm retten zu lassen. Alle Verantwortung und alles Odium des Zurückbleibens hinter den äußersten Wünschen wird so auf den Staat gewälzt und die Verhandlung der Parteien zu einer demagogischen Farce entwürdigt, da sie sich auf das Eingreifen des Staates verlassen können, der sie vor den Folgen ihrer Verhandlungskunst retten wird."[35a]

---

[34] Die deutsche Regelung verlangt (in § 12, AusfVO.) dazu zwar den Nachweis eines öffentlichen Interesses. Dieser dürfte aber nur in ganz bedeutungslosen Fällen schwer fallen.

[35] Auf die Frage, inwieweit man durch Einschränkung der gesetzlichen Voraussetzungen der Verbindlicherklärung eine stärkere Betonung des Einigungsgrundsatzes in dieser Schlichtungsregelung erreichen kann, werden wir unten (S. 76 ff.) noch zurückkommen.

[35a] E. Heimann, Soziale Theorie des Kapitalismus. Theorie der Sozialpolitik. Tübingen 1929, S. 203.

V. Verbindung von Einigungs- und Schiedsgrundsatz im Schlichtungssystem.

Ein deutliches Anzeichen für unsere Behauptung, daß unter der hier angegriffenen Regelung der Schiedsgrundsatz sehr stark vorherrsche, ist auch die statistische Feststellung, daß in Deutschland im Jahre 1927 etwa 60% aller Textilarbeiter unter Tarifverträgen arbeiteten, die ihre Gültigkeit durch Verbindlicherklärungen erlangt hatten[36]. Ferner daß in den Bezirken der Arbeitgeberverbände des deutschen Bergbaus Mitte 1928 die Arbeitszeit für 89,6%, die Löhne für 86,4% der Bergarbeiter durch Verbindlicherklärungen geregelt waren[37]. Die Fälle aber, in denen die widerstrebende Partei die „freiwillige" Annahme des „Einigungsvorschlags" nur dessen sicherer oder wahrscheinlicher Verbindlichkeitserklärung vorzog, kommen darin noch nicht zum Ausdruck[38] und sind zahlenmäßig überhaupt nicht zu erfassen[39]. Zutreffend führte H. v. Beckerath in seinem Mannheimer Korreferat (a. a. O. S. 54) gegenüber Sinzheimer diesbezüglich aus: „Ich glaube auch, mich in Übereinstimmung zu befinden nicht nur mit den Vertretern des kapitalistischen Standpunktes, sondern auch mit denen der Wissenschaft und anderen Vertretern des Arbeiterstandpunktes, wenn ich an der Meinung festhalte, daß die Tatsache der Minderzahl von Zwangstarifen

---

[36] Der Textilarbeiter, in Gewerkschaftszeitung, 1928, Nr. 17, S. 368. — Die Tatsache, daß die Zahl der Verbindlicherklärungen selbst abgenommen hat, besagt nichts gegen unsere Behauptung. Sie erklärt sich leicht aus der Frontverbreiterung der Arbeitskämpfe, wie sie durch den wachsenden Zusammenschluß der Arbeitsparteien bedingt wird, ferner aus der längeren Laufdauer der Tarifverträge. Vgl. dazu auch F. Lemmer, „Soziale und wirtschaftliche Bedeutung der staatlichen Schlichtung", im Arbeitgeber, Jahrg. 1930, Nr. 3, S. 55ff.

[37] Siehe O. Martin, Das Schlichtungswesen in der modernen Wirtschaft, a. a. O. S. 118, 119.

[38] Wie W. Zimmermann (Einigungswesen, Zwangsschlichtung, staatliche Lohnregelung, Kölner sozpol. BSchr., VIII, 1) nach einer Statistik der Vereinigung deutscher Arbeitgeberverbände für Juli 1928 berichtet, waren die Tariflöhne von mehr als 5 Millionen Arbeitern zu 34% durch Zwangsschiedsspruch und zu 47% durch beiderseitige Annahme eines staatlichen Schiedsspruches (oder spätere Einigung), jedoch nur zu 18,5% auf Grund freier Tarifvereinbarung geregelt.

[39] L. Grauert (Soziale Reform oder Reform der Sozialpolitik? in: Stahl und Eisen, 1929, S. 1697ff.) stellt fest, daß in den „großen, mit dem Auslandswettbewerb verknüpften Industrien ... seit dem Bestehen der Schlichtungsverordnung ein Tarifabschluß ohne staatlichen Zwang so gut wie nicht erfolgt ist". Vgl. auch Ders., Soziologische Betrachtungen zur Schlichtungsfrage, Magazin der Wirtschaft vom 14. Februar 1930, S. 331.

V. Verbindung von Einigungs- und Schiedsgrundsatz im Schlichtungssystem. 61

und die Möglichkeit des Zwangsschiedspruchs die sogenannte freie Vereinbarung doch in ihrem Inhalt wesentlich beeinflußt haben. Namentlich in den letzten Jahren, wo nach authentischen maßgebenden Kundgebungen des früheren Reichsarbeitsministers mit dieser Wirtschaftspolitik im Wege der Schlichtung der Erfolg bezweckt wurde, die Löhne zu heben, und auf Grund der Richtlinien des Reichsarbeitsministeriums an die Schlichtungsfaktoren dann eine Praxis gezeitigt wurde, Dementsprechendes durchzusetzen. Nun ist es ganz klar, daß in dieser Lage bei Tarifverhandlungen die Unternehmer von vornherein keine Chancen der freiwilligen Verständigung hatten, wenn sie mit Vorschlägen kamen, die nicht dieser wirtschaftspolitischen Grundtendenz der Schlichtungsbehörden entsprach." Die deutsche Schlichtungsverordnung von 1923, die als ihren Zweck in § 3 die „Hilfeleistung" (also nicht den Zwang) zum Abschluß von Gesamtvereinbarungen bezeichnet, steht nach der ausdrücklichen Betonung des Reichsarbeitsministeriums „grundsätzlich auf dem Boden der Vertragsfreiheit"[40]. Sie hat danach also die Absicht, mit ihrer Regelung den Einigungsgrundsatz jedenfalls stärker zu betonen als den Schiedsgrundsatz. Dieser Absicht dürfte der geschilderte Zustand kaum entsprechen.

Für eine Schlichtungsregelung, die Einigungs- und Schiedsgrundsatz unter Betonung des ersteren Grundsatzes verbinden will, erscheint daher nur die oben (S. 53 ad 2) dargelegte zweite Art der Verbindung beider Grundsätze gangbar. Hier treten Schlichtungsverfahren nebeneinander, die zwar untereinander in ihrer Orientierung am Einigungs- oder Schiedsgrundsatz verschieden sind, von denen aber ein jedes in sich (das heißt also in allen drei Schlichtungsstadien) hinsichtlich dieser Orientierung im wesentlichen gleichartig ist. So bleibt der „Grundsatz der Gleichartigkeit der Schlichtungsstadien" und damit die innere Logik einer jeden der angewandten Schlichtungsarten hier gewahrt. Gleichwohl bedarf es noch einer sorgfältigen Abstimmung der so gewählten Schlichtungsverfahren aufeinander, damit sie sich trotz ihrer Verschiedenheit zu einem wirklich zweckentsprechenden, widerspruchslosen Schlichtungssystem zusammenfügen. Denn an sich liegt natürlich auch bei dieser Vereinigung von Einigungsverfahren und Schiedsverfahren in einem Schlichtungssystem die Gefahr einer zu

---

[40] Siehe die Erinnerungsschrift des Reichsarbeitsministeriums: Deutsche Sozialpolitik 1918—1928, 2. Aufl., S. 94.

weitgehenden Ausschaltung jenes Kampfrisikos nahe, das, wie wir sahen, für den Einigungserfolg so unentbehrlich ist.

Ein solcher Mangel des Kampfrisikos macht, wie oben (S. 58) bereits angedeutet, im Rahmen des heutigen deutschen Schlichtungssystems schon die freie, tarifliche Schlichtung häufig zu einer Farce. Das fehlende Risiko des offenen Arbeitskampfes muß daher schon hier durch ein friedlicheres Kampfrisiko ersetzt werden. Dazu wäre die Inanspruchnahme der staatlichen Schlichtungstätigkeit vielleicht zweckmäßig mit einer Kostenpflicht zu verbinden, die das Schlichtungsorgan nach Billigkeitsgesichtspunkten verteilen und in geeigneten Fällen auch ganz der unterliegenden Partei aufbürden kann. Dies Kostenrisiko, das in der Zivilgerichtsbarkeit die vergleichsweise Erledigung einer Masse von Rechtsstreitigkeiten bewirkt, würde die Bereitwilligkeit der Parteien zur Einigung im Wege der kostenlosen tariflichen Schlichtung zunehmen lassen, auch wenn man die Höhe der Kosten des staatlichen Verfahrens nicht so stark übertreibt, wie das zum Beispiel im Schlichtungswesen Australiens geschehen ist. Die heutige deutsche Schlichtungsverordnung von 1923 läßt der freien tariflichen Schlichtung nur grundsätzlich den Vortritt. Die Praxis hat gezeigt, daß das jedenfalls nicht genügt.

Auch in dem staatlichen Einigungs- und dem etwa darauf folgenden staatlichen Schiedsverfahren wäre dann das Arbeitskampfrisiko durch ein Schlichtungsrisiko zu ersetzen. Das wäre zunächst schon durch die Vorschrift zu bewirken, daß eine Partei, die nach Fruchtlosigkeit des Einigungsverfahrens mit dem Antrag auf Eröffnung des Schiedsverfahrens abgewiesen wird, weil die angegangene Stelle den Streitfall für nicht schiedsfähig hält, das Einigungsorgan nur mit Einwilligung der Gegenseite erneut anrufen darf. Wird der Kreis der als schiedsfähig zu behandelnden Fälle entsprechend eng gezogen — vgl. darüber unter S. 76ff. —, so bedeutet schon das ein nicht unerhebliches Kampfrisiko für die im Einigungsverfahren anhängigen Streitfälle. Für die von der Schiedsstelle als schiedsfähig erklärten Fälle wird das erforderliche Schlichtungsrisiko dann — abgesehen von einer hier vielleicht noch einzuschiebenden Erhöhung des im Schiedsverfahren entstehenden Kostenrisikos — vor allem durch die Verschiedenheit der von Einigungs- und Schiedsverfahren verwendeten Schlichtungsmittel sowie der von ihnen verfolgten Schlichtungszwecke bedingt.

V. Verbindung von Einigungs- und Schiedsgrundsatz im Schlichtungssystem.

Im voraufgehenden Einigungsverfahren wird ja mit den Mitteln des Einigungsgrundsatzes (im Parteibetrieb, das heißt vor allem durch Anhören der Parteiverträge) ein Einigungsvorschlag gefunden, der, wie wir sahen, die Machtlage der Parteien in etwa zugrunde zu legen hat. In dem darauffolgenden Schiedsverfahren dagegen ist schon das Verfahren des Betreibungsstadiums ganz anders gestaltet: Die Untersuchungsmaxime sowie die Besetzung des Schiedsamtes mit beamteten Schlichtern und neutralen Sachverständigen ermöglicht hier die Ermittlung des dem Streitfall zugrunde liegenden Sachverhalts und die Berücksichtigung der tatsächlichen Gesamtlage ganz anders, als das mit den Mitteln des voraufgegangenen Einigungsverfahrens möglich war. Diese viel eingehendere Untersuchung des Falles im Schiedsverfahren verbindet sich mit einer Zweckeinstellung des Schiedsverfahrens, die von derjenigen des Einigungsverfahrens, wie wir (oben S. 27) sahen, polar verschieden ist. Diese bringt meist eine ganze Reihe neuer, oder doch in ihrem Gewicht veränderter Gesichtspunkte in der Beurteilung des Streitfalles zur Geltung. Beides aber, diese Unterschiedlichkeit der Mittel wie der Ziele des Schieds- im Vergleich zum Einigungsverfahren, bedroht grundsätzlich beide Parteien mit der Möglichkeit, daß der verbindliche Schiedsspruch, der im Schiedsverfahren ergeht, im Vergleich zum Inhalt des Einigungsvorschlages, ja unter Umständen selbst im Vergleich zu ihrer ursprünglichen Forderung, eine reformatio in peius bedeutet. Diese Gefahr, im Schiedsverfahren schlechter zu fahren als bei Annahme des Einigungsvorschlages, müßte also äußerstenfalls selbst dazu führen können, daß eine Arbeitspartei, die eine Senkung bzw. Erhöhung der Löhne bei der Schiedsstelle beantragt, das Gegenteil davon aus dem Schiedsverfahren nach Hause bringt. Erst diese Gefahr der reformatio in peius kann dem Verantwortungsbewußtsein der Parteien entscheidend den Rücken stärken: es macht die Spekulation der Parteien auf das Schiedsverfahren unsicher, erhöht damit die Chancen des Einigungsverfahrens und vermag so das Risiko des offenen Arbeitskampfes zum guten Teil zu ersetzen.

Zwei Momente allerdings sind geeignet, dies Risiko der Anrufung des Schiedsverfahrens und damit die Aussichten der Einigung auch bei dieser Regelung abzuschwächen. Einmal kommen, wie wir sahen, die unmittelbar lohn- und sozialpolitischen Direktiven der Zentralgewalt im Schiedsverfahren weit mehr zur Geltung als im Einigungsverfahren, dessen Spruch sich ja von der ungefähren Linie des voraussichtlichen Kampfergebnisses nicht allzuweit entfernen darf. Mögen nun diese Richtlinien der Zentralgewalt den Schiedsstellen den Aufbau bzw. die tunlichste Erhaltung der Reallöhne durch Erhöhung oder durch Senkung der Nominallöhne empfehlen, immer wird die eine oder die andere der Arbeitsparteien, Arbeitnehmer oder Arbeitgeber, auf die Auswirkung dieser Richtlinien im Schiedsspruch spekulieren. Doch kann die Sicherheit auch dieser Spekulation stark erschüttert werden, wenn die Schiedsorgane neben der Beachtung jener allgemeinen lohnpolitischen Direktiven auch die erforderliche Individualisierung ihres Spruchs im Auge behalten. Diese Berücksichtigung der im Einzelfalle vorliegenden Verhältnisse (Lage bestimmter Industriegruppen, örtlich verschiedene Teuerungsverhältnisse usw.) wird ihnen durch die eingehendere Ermittlung des Sachverhalts im Schiedsverfahren ja erleichtert.

Sodann kann ein weiteres Moment zur Grundlage einer Parteispekulation werden, die die Aussichten des Einigungsverfahrens herabdrückt. Wie wir (oben S. 31) sahen, wird der Grundsatz der Schlichtungsparität, der das Einigungsverfahren beherrscht, im Schiedsverfahren desto stärker zuungunsten der Arbeitgeberpartei durchbrochen, je reiner dies Verfahren in den Mitteln seines Betreibungs- und Verwirklichungsstadiums (II und III) den Schiedsgrundsatz verkörpert. Insoweit werden die Chancen der Arbeitsparteien für das Schiedsverfahren ungleich. Sie verschieben sich zugunsten der Arbeitnehmer, was deren Einigungswillen naturgemäß nicht fördert. Doch kann man auch dieser Gefahr entgegenwirken, wenn man jene Orientierung der Schlichtungsmittel am Schiedsgrundsatz in den Grenzen hält, in denen die gedachte Beeinträchtigung der Schlichtungsparität noch nicht zu stark fühlbar wird. Ist im Betreibungsstadium (II) nur die Untersuchungsmaxime an sich bejaht, so kommt es ohnehin auf die Verfügbarkeit der in der dargestellten Hinsicht bedenklichen Beweiserhebungsmittel meist nicht ausschlaggebend an. So wird man insbesondere auf die Auskunftspflicht der Parteien, die, wie gezeigt, in das Geschäftsgeheimnis des Unternehmers einbricht, ganz gut verzichten können: Was man durch Auskunftspflicht vom Unternehmer zum Beispiel über die Höhe des Profits erfahren würde, wird man aus der Tatsache der Auskunftsverweigerung meist auch mit genügender Annäherung entnehmen können. Und die Wahrheitsliebe der Zeugen,

V. Verbindung von Einigungs- und Schiedsgrundsatz im Schlichtungssystem.

die der Eideszwang bewirkt, dürfte durch die Möglichkeit einer Nachprüfung aller Aussagen durch Befragung neutraler Sachverständiger meist auch im wesentlichen gewährleistet sein. In jedem Falle müßten entsprechende Verfahrensvorschriften im Rahmen dieser Regelung nötigenfalls die Geheimhaltung der vor der Schiedskammer geführten Verhandlungen verbürgen[41].

Im Verwirklichungsstadium (III) kann man gleichfalls auf den Gesichtspunkt der Schlichtungsparität genügend Rücksicht nehmen, ohne dadurch die Wirkung des Schiedsverfahrens zu stark zu verringern. Besonders sollte ungeachtet der oben (S. 24) schon hervorgehobenen Bedenken hier das Mittel der Kautionsstellung (s. oben S. 26 ad III 4a) beachtet werden, das der Gesetzentwurf der australischen Regierung zur Schlichtungsreform von 1929 vorschlägt, und das Carl Landauer[42] auch für die deutsche Regelung empfiehlt. Gewiß ist auch dies Zwangsmittel, wie wir sahen, nicht ideal. Aber bei entsprechender Bemessung der Kautionen durch das Schiedsorgan kann hier ein wohl relativ wirksamer Zwang noch am ehesten beiden Parteien gegenüber einigermaßen gleich gestaltet werden.

Damit wäre in großen Umrissen die zweckmäßigste Art der Verbindung von Einigungs- und Schiedsgrundsatz zu einem Schlichtungssystem angegeben, das den ersteren Grundsatz betont. Wenn sie dieser Grundeinstellung einer Orientierung am Einigungsgrundsatz wirklich Rechnung tragen will, so müßte unseres Erachtens auch die deutsche Schlichtungsreform die dargelegten Gesichtspunkte in etwa berücksichtigen. Insoweit auch hier die Frage einer Orientierung der Schlichtung mehr am Schieds- oder mehr am Einigungsgrundsatz im Vordergrund steht, sei im folgenden noch kurz zum gegenwärtigen Stande des

---

[41] Letzteres fordert auch L. Grauert, a. a. O. S. 1701. Im Verwirklichungsstadium will Grauert es allerdings unter Hinweis auf die englische Regelung bei der bloßen Inanspruchnahme des Drucks der öffentlichen Meinung bewenden lassen. Sollte diese milde Form des Zwanges in Deutschland zur Durchsetzung der Schiedssprüche ausreichen, so wäre das gewiß die beste Lösung. Sie hat aber selbst bei den recht disziplinierten Arbeitsparteien Englands bekanntlich die schwersten Arbeitskämpfe nicht verhindern können. — Den gleichen Einwand erhob übrigens schon Sinzheimer auf der XI. Tagung der Gesellschaft für soziale Reform in Mannheim gegen Grauerts Ablehnung der Verbindlicherklärung (vgl. den Verhandlungsbericht S. 30).

[42] Carl Landauer im Deutschen Volkswirt, Jahrg. 1929, S. 1259.

Streits um die Schlichtungsreform Stellung genommen. Dabei können dann auch einige der in diesem Teil nur kurz berührten Fragen noch eine etwas nähere Erörterung finden.

VI. Zum Kampf um Einigungs- und Schiedsgrundsatz in der deutschen Schlichtungsreform.

Etwa seit Ende 1928 besteht in Deutschland weitgehende Einigkeit darüber, daß die Schlichtung sich vermehrt am Einigungsgrundsatz orientieren sollte. Uneins ist man allerdings über das Maß und über den Weg dieser Umorientierung. Im Mittelpunkt dieses Meinungsstreits steht die Frage der Verbindlicherklärung des Schiedsspruchs. Die Arbeitgebervereinigungen fordern eine Einschränkung ihrer in § 6 der Schlichtungsverordnung genannten Voraussetzungen, wollen sie auch an die Zweidrittelmehrheit einer zu bildenden Schiedsgutachterkammer binden und fordern ihre weitgehende Unabhängigmachung von politischen Einflüssen. Damit verlangen sie die gesetzliche Sicherung einer stärkeren Betonung des Einigungsgrundsatzes im deutschen Schlichtungssystem. Von ihr erhoffen sie eine Stärkung des heute erlahmten Selbstverantwortlichkeitsgefühl der Schlichtungsparteien.

Der Reichsarbeitsminister Wissell und mit ihm die meisten Vertreter der Gewerkschaften[43] dagegen halten zur Einschränkung der Verbindlicherklärungen eine entsprechend vorsichtigere Prüfung der heute gesetzlich vorgeschriebenen Voraussetzungen dieser Erklärung in der Praxis der Schiedsorgane für ausreichend. Sie betonen die sozialpolitischen Aufgaben der Schlichtung, um derentwillen ein gewisser Verlust an Verantwortlichkeitsgefühl der Parteien in Kauf genommen werden müsse[44]. Damit wollen sie also im Ergebnis den Schiedsgrundsatz viel weniger weitgehend preisgeben wie die Arbeitgeber.

---

[43] Nörpel in Gewerkschaftszeitung, 1928, Nr. 39, S. 613, und im Vorwärts, 1928, Nr. 473; W. Sinzheimer, Reichsarbeitsbl. II, Nr. 12, Jahrg. 1929; vgl. auch Martin a. a. O. S. 153. — Sehr deutlich bejahte Nörpel auf der XI. Hauptversammlung der Gesellschaft für Soziale Reform die heutige Schlichtungsregelung als ein Mittel zur Durchsetzung des Kollektivismus und der Wirtschaftsdemokratie (Verhandlungsbericht a. a. O. S. 73ff.).

[44] Nur Sinzheimer behauptete (auf der gen. Tagung der Gesellschaft f. Soz. Reform, Verhandlungsbericht S. 39): „Die Frage der Verantwortlichkeit ist ein Problem für sich, ein inneres Problem, unabhängig davon,

Dem unbefangenen Betrachter dieser Rollenverteilung könnte zwar der Gedanke kommen, daß diese verschiedene Einstellung der Arbeitsparteien zum Einigungs- und Schiedsgrundsatz weniger die dauernde Regelung als vielmehr nur die gegenwärtigen unmittelbaren lohnpolitischen Ergebnisse der Schlichtung im Auge hat, daß sich also die Auffassungen auf beiden Seiten etwas ändern würden, wenn eine politische Partei mit erheblich anderer Auffassung von der zur Zeit zweckmäßigen Lohnpolitik das Reichsarbeitsministerium besetzen würde. Doch handelt es sich uns ja hier zunächst nicht um die Motive, sondern um die Argumente der Parteien im Kampf um die Schlichtungsreform. Diese Argumente haben heute auf beiden Seiten immerhin schon einige Vertiefung erfahren und seien daher auf ihre sachliche Haltbarkeit geprüft.

Der Arbeitgebervorschlag will die Verbindlichkeitserklärung gesetzlich nur zulassen 1. bei Arbeitsstreitigkeiten in den sogenannten „lebenswichtigen Betrieben", 2. bei Streitigkeiten, welche die deutsche Volkswirtschaft so stark treffen, daß die Lebensmöglichkeit der Gesamtbevölkerung bedroht ist[45]. Dagegen verteidigt Wissell[46] und ähnlich auch Sinzheimer[47] die heutige erheblich weitere Fassung des § 6 der Schlichtungsverordnung. Diese gestattet bekanntlich die Verbindlichkeitserklärung eines Schiedsspruchs (auf Antrag einer Partei oder bei vorliegendem öffentlichen Interesse) dann, „wenn die in ihm getroffene Regelung bei gerechter Abwägung beider Interessen der Billigkeit entspricht und ihre Durchführung aus wirtschaftlichen und sozialen Gründen erforderlich ist" (§ 6 Abs. 1 Schlichtungsverordnung von 1923). Beide, Wissell und Sinzheimer gehen dabei auf die gesetzliche Bestimmung der Zwecke der Schlichtung zurück, mit der § 3 der Schlichtungsverordnung den Schlichtungsorganen die Aufgabe stellt, „zum Abschluß von Gesamtvereinbarungen (Tarifverträgen, Betriebsvereinbarungen) Hilfe zu leisten".

Wissell legt diese Wendung der Verordnung de lege lata dahin aus, die Schlichtung habe den Gedanken des kollektiven Arbeitsvertrages

---

ob wir das Institut der Verbindlicherklärung haben oder nicht." Er dürfte aber mit dieser Behauptung auch unter denen alleinstehen, die den sonstigen Ergebnissen seines Referats zustimmen.

[45] Siehe Berliner Börsenzeitung vom 2. Nov. 1928.

[46] Wissell, Reform des Schlichtungswesens?, Magazin der Wirtschaft vom 17. Jan. 1929.

[47] H. Sinzheimer im Reichsarbeitsblatt II, Nr. 12, Jahrg. 1929.

zu verteidigen und zu fördern. Das ist die gegenwärtig offizielle Lesart, die auch die schon genannte Denkschrift des Reichsarbeitsministeriums (S. 93) vertritt. Sie ist unseres Erachtens schon rein juristisch nicht unbedingt zwingend. Legt man nämlich in der genannten Aufgabenbestimmung des § 3 der Schlichtungsverordnung den Ton auf das „Hilfe leisten", so setzt sie ganz im Gegenteil voraus, daß der Abschluß von Gesamtvereinbarungen von den Parteien überhaupt zunächst einmal beabsichtigt ist, daß sich also die Parteien darüber einig sind, daß sie ihre Abmachungen über die Arbeitsbedingungen in die Form einer Gesamtvereinbarung (eines Tarifvertrages z. B.) kleiden wollen. Man kann ja nicht jemandem Hilfe leisten zu einem Erfolg, den er selbst gar nicht wünscht, und die Annahme, das Gesetz habe die „Hilfeleistung" der Schlichtung einseitig den Arbeitnehmern zugedacht, verbietet sich durch den ausdrücklichen Hinweis auf die „Gleichberechtigung" beider Seiten in Art. 165 S. 1 RV., auf den Wissell selbst, wie wir sogleich sehen werden, bei der Rechtfertigung seiner Auslegung zurückgeht. So wäre, wollte man mit Wissell den Weg bloßer juristischer Auslegung beschreiten, die Schlichtung gerade in denjenigen Fällen unzuständig, in denen sie nach Wissell ihre Hauptaufgabe zu erfüllen hätte[48].

Wissell also zieht zur Rechtfertigung seiner Auslegung der genannten Aufgabenbestimmung, wie gesagt, seinerseits gerade den Art. 165 Abs. 1 RV. heran. Dieser besagt, daß Arbeiter und Angestellte berufen sind, „gleichberechtigt in Gemeinschaft mit den Unternehmern an der Regelung der Lohn- und Arbeitsbedingungen sowie an der gesamten wirtschaftlichen Entwicklung der produktiven Kräfte mitzuwirken", und daß die beiderseitigen Organisationen und ihre Verein-

---

[48] Dieser Hinweis der Schlichtungsverordnung auf die Hilfeleistung zum Abschluß von Gesamtvereinbarungen fiel auch in Sinzheimers Referat auf der schon erwähnten XI. Tagung der Gesellschaft für soziale Reform in Mannheim ganz unter den Tisch. Sinzheimer (Verhandlungsbericht S. 23) sagte: „Die Entwicklung des Arbeitsrechts hat das Schlichtungswesen über die Friedensfunktion hinausgeführt ... In § 3 der Schlichtungsordnung schreibt sie eine bestimmte Richtung der Schlichtung vor, indem sie als Ziel der Schlichtung den Abschluß einer Gesamtvereinbarung angibt." Aber nicht dieser selbst, sondern, wie gesagt, die Hilfeleistung dazu wird von § 3 als Ziel der Schlichtung bezeichnet. Eine Auslegung des gesetzten Rechts wird immerhin dessen genauen Inhalt zum Ausgangspunkt nehmen müssen.

barungen anerkannt werden. Sinzheimer erblickt gleichfalls in der Verbindlicherklärung „in der Hauptsache die staatliche Begründung von Tarifverträgen" und begründet das staatliche Interesse am Tarifgedanken näher mit gewissen arbeitsrechtlichen, sozialrechtlichen und staatspolitischen Belangen der Volksgemeinschaft (a. a. O. S. 150).

Gegen die Wissellsche „Vermengung von Schlichtungspolitik und Wirtschaftsorganisationspolitik auf Grund von Art. 165" wendet sich W. Zimmermann[49] und eine Reihe von Vertretern der arbeitsrechtlichen und sozialpolitischen Disziplin. In der Tat wird man eine zwangsweise Verteidigung des Tarifvertragsgedankens durch die Schlichtung, wie wir sahen, im Wege der juristischen Interpretation auf Art. 165 RV. nicht stützen können. Doch dürfte Wissell darin recht haben, daß der Geist jener Vorschrift eine grundsätzlich positive Einstellung des Staates zum Kollektivvertragsgedanken in gewissem Ausmaße begünstigt. Infolgedessen, und auch in Verfolg der Belange, auf die Sinzheimer verweist, könnte der Staat in der etwa erforderlichen Verteidigung des Tarifvertragsgedankens eine seiner Aufgaben erblicken. Damit wäre er dann berechtigt, unter anderen Mitteln der inneren Politik nötigenfalls auch das Schlichtungswesen insoweit in den Dienst dieser Aufgabe zu stellen, als es dem Schiedsgrundsatz folgt. Denn im Ausmaß dieser Orientierung am Schiedsgrundsatz ist ja die Schlichtung, sahen wir, ein Instrument autoritärer innerer Politik. Freilich aber — und hier beginnt Wissells Fehlschluß — ist dadurch noch gar nichts für die Frage ausgesagt, inwieweit sich die Schlichtung heute wirklich am Schiedsgrundsatz orientieren solle, inwieweit also sie heute zweckmäßig zu einem Instrument jener Politik gemacht werden kann und muß. So bleibt von hier aus insbesondere auch de lege lata die Frage völlig offen, wie eine gesetzliche Bestimmung der Schlichtungsaufgaben aufzufassen ist, die den Zweck der Schlichtung in der „Hilfeleistung zum Abschluß von Gesamtvereinbarungen" erblickt.

Auf den Sinn, den man in diese Aufgabenbestimmung hineinlegen will, kommt es im Kampf um die deutsche Schlichtungsreform aber vor allem an, an ihr „scheiden sich", wie Wissell (S. 72) richtig bemerkt, „in Wirklichkeit die Geister". Denn insoweit damit nach Wissell

---

[49] W. Zimmermann, Einigungswesen, Zwangsschlichtung, staatliche Lohnregelung. Kölner Sozialpolitische Vierteljahrsschrift, VIII. Jahrg., H. 1, 1929, S. 18.

die Schlichtungsregelung vor allem auf den Fall abgestellt wird, daß eine der Arbeitsparteien den Abschluß von Gesamtvereinbarungen mit der Gegenseite (gleichviel zu welchen inhaltlichen Bedingungen) grundsätzlich ablehnt, daß sie also durch Arbeitskämpfe lediglich den Übergang vom Kollektiv- zum Individualarbeitsvertrag durchsetzen will, muß man allerdings die Schlichtung weitgehend am Schiedsgrundsatz orientieren. Einem solchen scharfmacherischen Standpunkt gegenüber würde ja jede bloße Hilfeleistung zum Vertragsschluß, jeder Einigungsversuch also, von vornherein vergeblich sein. Der Hinweis auf die „Hilfeleistung" könnte in der Aufgabenbestimmung des § 3 der Schlichtungsverordnung so, wie Wissell diese Bestimmung auslegt, bestenfalls eine freundliche Verbrämung des Zwanges bedeuten.

Rein theoretisch sollte allerdings schon dieser Zusammenhang gegen die von Wissell vertretene Auslegung dieser Aufgabenbestimmung bedenklich machen. Denn eine Bestimmung der Schlichtungszwecke in einer Schlichtungsregelung, die nach ausdrücklicher ministerieller Bekundung auf dem Boden der Vertragsfreiheit (s. oben S. 61) steht, muß natürlich beide Grundsätze, den Einigungs- wie den Schiedsgrundsatz, in mindestens gleicher Weise decken. Wenn man aus ihr im Wege der Auslegung die Bevorzugung nur des letzteren dieser beiden Spannungspole der Schlichtungsmittel herleiten will, so kann diese Auslegung nicht anders als falsch sein.

Sehen wir jedoch von diesem theoretischen Schönheitsfehler der Wissellschen Beweisführung zunächst ganz ab, und betrachten wir nur die Zwecke, die von der Schlichtung, insofern sie dem Schiedsgrundsatz folgte, bisher tatsächlich angestrebt wurden. Hierbei ist nun keineswegs die heilsame Stärkung zu verkennen, die der Tarifvertragsgedanke durch die Orientierung der Schlichtung am Schiedsgrundsatz in den ersten Jahren nach der Umwälzung mittelbar erfahren hat. Andererseits aber dürfte mindestens schon seit Jahren kein Fall vorgekommen sein, in dem die Schlichtung einen grundsätzlichen Widerstand der Arbeitgeberschaft gegen den Tarifvertragsgedanken an sich unmittelbar hätte brechen müssen. Vielmehr erscheint der Tarifvertragsgedanke heute sogar durch ein ausdrückliches Bekenntnis der Arbeitgebervereinigungen zu ihm als mehr denn je gesichert[50]. Bei den

---

[50] Dies Bekenntnis zum Tarifvertragsgedanken wurde seitens der Vereinigung Deutscher Arbeitgeberverbände schon auf der Konferenz im Ok-

zu schlichtenden Arbeitsstreitigkeiten handelt es sich daher schon seit langem nicht darum, ob eine, sondern darum, zu welchen Bedingungen eine Gesamtvereinbarung abgeschlossen werden soll. Hier ist Wissells Argumentation eine Stimme aus seinem eigenen Reichsarbeitsministerium entgegenzuhalten: Der schon genannte Referent für das Schlichtungswesen, Ministerialrat Sitzler, stellt in seiner bereits zitierten Abhandlung[50a] rückblickend fest: „Die Zahl der Fälle, in denen es sich darum handelte, grundsätzlichen Widerstand gegen die tarifliche Regelung zu brechen, ist nur ein geringer Bruchteil. Man kann also feststellen, daß die deutsche Arbeitgeberschaft sich in anerkennenswerter Weise mit der Neuordnung abgefunden hat." Auch zu diesem „geringen Bruchteil" bemerkt noch F. Lemmer[50b]: „Diese an sich geringe Zahl von Schlichtungsverfahren... umfaßt zudem Fälle, in denen keine grundsätzliche Weigerung zu einer tarifvertraglichen Regelung vorliegt, sondern wo man versucht hat, sich dieses juristischen Mittels zu bedienen, um nicht einen Vertrag zu erhalten, dessen materielle Gestaltung man für unsachlich und unzweckmäßig hielt." Die Denkschrift des Reichsarbeitsministeriums selbst stellt denn auch, (S. 80 und 93, 95) ausdrücklich fest, daß die Schlichtungspolitik der Nachkriegszeit bald mehr und mehr von dem Gedanken beherrscht war, „auf die Lohnentwicklung als solche Einfluß zu gewinnen", und daß insbesondere auch die „neuen Schlichtungsorgane" (der BO. von 1923) „am Wiederaufbau der Löhne erfolgreich mitwirkten".

So ist es auch rein tatsächlich klar, daß sich die Aufgabe der Schlichtung in der „Hilfeleistung zum Abschluß von Gesamtvereinbarungen" so, wie Wissell diese Bestimmung des § 3 auslegt, selbst dann nicht erschöpft, wenn wir nur die Aufgaben einer am Schiedsgrundsatz orientierten Schlichtung ins Auge fassen.

Für ganz erschöpfend hält allerdings auch Wissell die Aufgabenbestimmung nicht, die sich aus seiner Auslegung des § 3 ergibt. Denn in einer Ergänzung von dessen Inhalt, die bei seiner sonstigen engen Berufung auf das gesetzte Recht etwas eigenmächtig wirkt, betont er:

---

tober 1928 beim Reichsarbeitsminister abgelegt, und auf der XI. Tagung des Vereins für soziale Reform in Mannheim (durch Grauert) noch ausdrücklich erneuert.

[50a] Sitzler, Soziale und wirtschaftliche Bedeutung der staatl. Schlichtung, a. a. O. Sp. 11.

[50b] Friedrich Lemmer im Arbeitgeber, Jahrg. 1930, Nr. 3, S. 54.

„Damit ist der Endzweck der Schlichtung, Vermeidung unnötiger Arbeitskämpfe, nicht geändert, zu seiner Erreichung ist aber der bestimmte Weg der staatlichen Förderung der Gesamtvereinbarung, insbesondere des Tarifvertrages, zwingend gewiesen" (a. a. O. S. 72). Diese seine Auffassung betont nun zwar sehr richtig und wohl zuerst in der Literatur eine vertikale Zweckausrichtung (Über- und Unterordnung) der beiden von ihm genannten Schlichtungsaufgaben[51]. Dabei aber stellt Wissell das wirkliche Zweckmittelverhältnis beider Aufgaben hier genau auf den Kopf! Es muß auch gegenüber seinen Ausführungen bei der Bestimmung der Schlichtungszwecke bleiben, die wir oben (S. 15, 16) und früher schon darlegten. An der Basis jener Stufenfolge der Schlichtungszwecke, die uns dort die Aufgaben der Schlichtung bezeichnete, steht immer zunächst die Verhütung bzw. Beilegung von Arbeitskämpfen. Über diesem Vorzweck steht dann schon auf der nächsten Stufe nicht nur der Abschluß von Kollektivverträgen zwischen den Arbeitsparteien, sondern allgemein die Sicherung bzw. Erhaltung des Bestandes von Arbeitsgemeinschaften. Dieser Zweck der Sicherung und Erhaltung der Arbeitsgemeinschaften kann zwar auch einmal durch grundsätzliche Ablehnung des Kollektivvertragsgedankens an sich seitens einer Partei, er wird aber, wie wir sahen, heute fast stets nur durch Streitigkeiten über den Inhalt der zu schließenden Kollektivverträge gefährdet sein. Dieser Zweck ist auch in rein formaler Hinsicht, wie wir (in „Angewandte Theorie der Schlichtung", S. 360) mit Melsbach[52] betonten, nicht nur durch Herbeiführung von Kollektivvertragsschlüssen, sondern nötigenfalls auch dadurch anzustreben, daß die Schlichtung die Organisationen zum bloßen Ablassen vom Kampf oder zur friedlichen Beilegung von Zwistigkeiten über vertragsmäßig nicht erfaßbare Unwägbarkeiten (z. B. Ton der Behandlung von Arbeitnehmern) bestimmt. Über diesem Zweck der Erhaltung von Arbeitsgemeinschaften steht dann der Zweck der Abschwächung der Klassengegensätze und über diesem die obersten Volksgemeinschaftszwecke überhaupt. Diese Volksgemeinschaftszwecke sind heute, wie wir auch (a. a. O. S. 355) schon ausführten, gewiß bestimmt vor allem von den Vorschriften der Verfassung. Da stets in

---

[51] Die Denkschrift des Reichsarbeitsministeriums, a. a. O. S. 93, stellt demgegenüber die beiden Aufgaben noch nebeneinander.

[52] Vgl. Melsbach, Schlichtungsrecht. Arch. f. d. zivilistische Praxis, N. F. 4, H. 1, 1925, S. 129 ff.

der angedeuteten Zweckstufenfolge die oberen Zwecke für die unteren richtunggebend sind, so kann im Geiste des Art. 165 RV. von hier aus auch einmal die Wahrung des Kollektivvertragsgedankens bei der Befriedung von Arbeitsgemeinschaften auf der vorletzten Zweckstufe eine verstärkte Bedeutung erlangen, dann nämlich, wenn die Gesamtlage (etwa bei ernstlichem Sturmlaufen gegen den Tarifvertragsgedanken durch die Arbeitgeber) diesem Zweck vor anderen ihm grundsätzlich gleichstehenden Zwecken besondere Dringlichkeit verleiht. Dieser Zweck kann aber eine solche verstärkte Bedeutung nicht für jeden Fall und keinesfalls mit so grundsätzlicher Ausschließlichkeit beanspruchen, daß es gerechtfertigt wäre, ihn allein in einer gesetzlichen Bestimmung der Schlichtungsaufgaben aufzuführen.

So umfaßt also unsere Bestimmung der Schlichtungszwecke auch den (heute nicht sehr aktuellen) Fall, daß die Schlichtung im Geiste des Art. 165 RV. den Tarifvertragsgedanken durch Erzwingung des Abschlusses von Gesamtvereinbarungen zu verteidigen hätte. Aber sie zieht den Kreis der Schlichtungsaufgaben doch viel weiter. Neben dieser von Wissell aus Art. 165 hergeleiteten Aufgabe erscheinen grundsätzlich gleichberechtigt also auch diejenigen Richtlinien der Reichsverfassung, die nicht den Schieds-, sondern den Einigungsgrundsatz stützen, insbesondere Art. 151 und 152, die die wirtschaftliche Freiheit des Einzelnen und die Vertragsfreiheit als Grundlage der Wirtschaftsordnung garantieren. Ja, Art. 165 RV. selbst spricht durchaus nicht nur für den Schiedsgrundsatz, sondern kann insofern, als er von einer „Mitwirkung" und von „gleichberechtigter Gemeinschaft" der Arbeitsparteien spricht, hier durchaus auch für eine stärkere Orientierung der Schlichtung am Einigungsgrundsatz in Anspruch genommen werden[53]: insoweit nämlich, als eine ernstliche Gefährdung des Tarifvertragsgedankens, dessen Schutz ja faktisch stets den Zwang bedingt, rein tatsächlich nicht vorliegt.

Es ist also aussichtslos, die Frage, ob sich die Orientierung der Schlichtung mehr am Schieds- oder mehr am Einigungsgrundsatz orientieren soll, schon von einer grundsätzlichen Bestimmung der Schlichtungsaufgaben her entscheiden zu wollen. Die Entscheidung dieser Frage ist insbesondere auch aus der heutigen deutschen Schlichtungsregelung

---

[53] Vgl. oben S. 35, 54ff. u. 31, wo wir die Ausschaltung der Parteimitwirkung und die Durchbrechung der Schlichtungsparität als Folgerungen des Schiedsgrundsatzes darlegten.

nicht herauszulesen. Hier können allgemein nur die Gesichtspunkte in Betracht kommen, die wir oben in Teil III dieser Abhandlung andeuteten. Diese Gesichtspunkte bestimmen die Grundeinstellung, die die Schlichtungsregelung in der Frage Einigungs- oder Schiedsgrundsatz zweckmäßig einnimmt. Darüber hinaus läßt sich allgemein nur sagen, daß diese Grundeinstellung in etwa der Orientierung entsprechen muß, die in der übrigen Organisation der Volkswirtschaft vorherrscht. Eine grundsätzlich individualistisch-kapitalistisch organisierte Wirtschaft verträgt keine Schlichtungsregelung, die sich grundsätzlich kollektivistisch, das heißt also am Schiedsgrundsatz, orientiert und umgekehrt. Die Fälle, in denen die Schlichtung nach Maßgabe dieser ihrer Grundeinstellung dann zum Schiedsgrundsatz, das heißt hier also zur Verbindlicherklärung greift, können je nach dem Dringlichkeitsplan der Volksgemeinschaftszwecke ganz verschiedene Gründe haben. Da sind einmal die unmittelbar wirtschaftspolitischen Notwendigkeiten einer Befriedung von Arbeitsgemeinschaften, bei denen der Arbeitgebervorschlag die Verbindlicherklärung nur zulassen will. Daneben hat heute vor allem, obwohl von Wissell selbst nicht ausgesprochen, jener Zweck der unmittelbaren sozialpolitischen Lohnbeeinflussung eine erhebliche tatsächliche Bedeutung, die das Reichsarbeitsministerium in seiner Denkschrift als Verdienst der Schlichtungsregelung (für die weiter zurückliegende Vergangenheit sicher mit Recht) hervorhebt. Und schließlich kann grundsätzlich auch das soziale Erfordernis der Verteidigung des Tarifvertragsgedankens hier eine Rolle spielen. Mit dieser Maßgabe ist es dann an sich auch sehr wohl zu verstehen, daß der Arbeitsminister nicht auf die gesetzliche Möglichkeit verzichten will, entgegen dem Arbeitgebervorschlag auch dann zum Schiedsgrundsatz, das heißt zur Verbindlicherklärung, zu greifen, wenn nur „soziale" Gründe diese als notwendig erscheinen lassen.

Wir können, wie schon angedeutet, nicht anerkennen, daß unter diesen, gewiß überaus wichtigen sozialen Gründen die Schutzbedürftigkeit des Tarifvertragsgedankens heute an Dringlichkeit stark im Vordergrund steht. Zwar führte Sinzheimer in seinem Mannheimer Referat zur Verteidigung des Schiedsgrundsatzes mit Bezug auf die Bekenntnisse der Arbeitgebervertreter Brauweiler und Grauert zum Tarifvertragsgedanken aus: „Die in Frage kommenden Erklärungen sind von Männern abgegeben, die heute auf die hinter ihnen stehenden Bewegungen Einfluß haben. Die Leiter der Bewegung können wechseln.

VI. Einigungs- und Schiedsgrundsatz in der deutschen Schlichtungsreform. 75

In welcher Richtung werden etwaige neue Leiter ihren Einfluß geltend machen, vor allem, wenn einmal die Machtkonjunktur sich ändern sollte[54]. Und werden dann auch immer die Bewegungen den Ratschlägen ihrer Leiter folgen?... Dazu kommt: Die Anerkennung des Tarifvertragsprinzips ist mancher subjektiven Ausdeutung zugängig. Man kann den Tarifvertrag grundsätzlich anerkennen und vielleicht doch wesentliche Elemente des Tarifvertragsrechts in ihrer konkreten Ausprägung ablehnen. Man kann das Tarifvertragsprinzip anerkennen, daneben aber auch den Tarifvertrag mit Werkvereinen und wirtschaftsfriedlichen Verbänden betreiben, indem man den Standpunkt vertritt, daß auch solche Tarifverträge echte Tarifverträge seien. Man kann das Tarifvertragsprinzip anerkennen und auch den Standpunkt vertreten, daß der heutige Vorrang des Tarifvertrags der Betriebsvereinbarung gegenüber bekämpft werden müsse, daß zum Beispiel die Regelung der Arbeitszeit den Tarifvertragsparteien entzogen und auf die Betriebsvereinbarung übertragen werden solle. Man sieht hieraus, daß, selbst wenn jene Anerkennung für alle Arbeitgeber und alle Arbeitgeberverbände in Deutschland maßgebend wäre, noch keine Gewähr dafür vorhanden ist, daß das kollektive Willensprinzip nur in der Form des echten Tarifvertrags mit seinem Vorrang vor der Betriebsvereinbarung zur Geltung kommen würde"[55]. Aber auch Sinzheimer konnte nicht behaupten, daß alle diese denkbaren Möglichkeiten eines Widerstandes gegen den Tarifvertragsgedanken heute in Deutschland akute Bedeutung hätten. Höchstens wird man in Anbetracht der Haltung, die die Arbeitgeberschaft früher in dieser Frage einnahm, zugeben können, daß im Falle einer endgültigen Beseitigung jeder Möglichkeit eines Schlichtungszwanges hier die Gefahr eines Rückschlages nicht ganz von der Hand zu weisen sein würde.

Wie kann nun ohne eine zu starke Vernachlässigung aller hier in Betracht kommenden wirtschaftlichen und sozialen Belange jene Einschränkung der Verbindlicherklärungen erreicht werden, die nach all-

---

[54] Hier ist vielleicht die Anmerkung nicht überflüssig, daß im Fall eines Wechsels der politischen „Machtkonjunktur" die von Sinzheimer in seinem Referat so warm verteidigte Verbindlicherklärung gerade das Mittel zur Unterstützung des Unternehmertums im wirtschaftlichen Machtkampfe abgeben könnte.

[55] Siehe den Bericht über die Verhandlungen der XI. Tagung der Gesellschaft für soziale Reform, S. 32.

gemeiner Ansicht zur Wiederbelebung des Einigungsgrundsatzes notwendig ist? Hier glauben wir zunächst nicht, daß selbst mit einer Schlichtungsreform, die dem Arbeitgebervorschlag sehr weit entgegenkäme, eine solche Rückkehr der Schlichtung zum Einigungsgrundsatz erreicht würde, wie sie im Sinne der ursprünglichen Absicht der Schlichtungsregelung und im Interesse nachhaltiger Produktivität unserer Wirtschaft zu fordern ist. Auch die beiden Voraussetzungen, auf die die Arbeitgebervereinigung die Möglichkeit der Verbindlicherklärung beschränkt wissen will — Lebenswichtigkeit der Betriebe oder Bedrohung der Lebensmöglichkeit der Gesamtbevölkerung —, sind noch recht dehnbar. Die Gründe, die unter der heute geltenden Schlichtungsverordnung den Einigungsgrundsatz nicht aufkommen lassen (s. oben S. 58), werden daher auch unter dieser neuen Regelung nicht sehr viel an Wirksamkeit verlieren. Mag dieser oder jener Einigungsvorschlag von geringerer Bedeutung danach auch unzweifelhaft nicht mehr für verbindlich erklärt werden können, so daß hier der Einigungsgrundsatz zur Wirkung gelangt, die wirtschaftlich schwerwiegendsten und daher unzweifelhaft schiedsfähigen Fälle werden infolge der oben dargelegten Zwitterhaftigkeit der heutigen Schlichtungsregelung nach wie vor von Anfang an faktisch völlig unter dem Schiedsgrundsatz geschlichtet werden. Ihre Regelung wird einen bedeutenden Einfluß auf den Ausgang auch der übrigen Streitfälle behalten. Eine noch engere Begrenzung der Möglichkeiten zur Verbindlicherklärung aber wäre nur durch eine rein kasuistische Aufzählung der aus wirtschaftlichen Gründen schiedsfähigen Streitfälle zu erreichen und würde unseres Erachtens keinesfalls vertretbar sein. Denn sie würde für viele derjenigen Fälle, in denen die Verbindlicherklärung aus sozialen Gründen wirklich einmal am Platze ist, wiederum die Handhabung des Schiedsgrundsatzes zu sehr lahmlegen, der ja vom Einigungsgrundsatze auch nicht zu sehr aufgesogen werden darf.

Vielmehr wird neben dem Vorschlag der Vereinigung Deutscher Arbeitgeberverbände, der auf eine bloße gesetzliche Einschränkung der Voraussetzungen einer Verbindlicherklärung gerichtet ist, das Hauptgewicht auf den Vorschlag einer gänzlichen Reorganisation des Schlichtungswesens zu legen sein, den wir oben (S. 61ff.) darlegten. Nur dieser Vorschlag wahrt mit dem „Grundsatz der Einheitlichkeit der Schlichtungsstadien" die innere Logik des Schlichtungsverfahrens und fügt durch Aufrichtung der erforderlichen Risikoschranken die unter sich verschiedenen, in sich aber homogenen Verfahrensarten der Schlichtung zu einem widerspruchslosen Schlichtungssystem zusammen. Nur im Rahmen dieses Systems wird es möglich, zunächst alle, auch die schwerwiegendsten und also zweifellos schiedsfähigen Kampffälle wirklich wirksam dem Einigungsgrundsatz zu unterstellen, so daß auch von diesen schiedsfähigen Streitfällen nur eine Minderzahl tatsächlich in das Schiedsverfahren gelangt. Die Reform in dieser Richtung würde daher nicht so sehr, wie der Arbeitgebervorschlag, darauf ausgehen, die Anwendbarkeit des Schiedsgrundsatzes einzuschränken. Sie würde vielmehr die Anwendung des Schiedsgrundsatzes überflüssig zu machen versuchen. Die Möglichkeit der Verbindlicherklärungen im Schiedsverfahren würde in der so reformierten Schlichtungsregelung nicht, wie heute, den Einigungsgrundsatz lahmlegen, sondern durch die Gefahr der reformatio in peius dessen Wirksamkeit eher noch erhöhen. Der Schiedsgrundsatz würde so jene heilsame latente Bedeutung aller staatlichen Machtmittel erhalten, die, obwohl stets schlagfertig und verwendungsbereit, doch selten eingesetzt zu werden brauchen.

Dabei wäre im Falle dieser Neuregelung sogar zu erwägen, ob die starre Abdrosselung der gesetzlichen Voraussetzungen eines Zwangsverfahrens auf jenen engen Kreis vorwiegend wirtschaftspolitischer Gesichtspunkte, wie sie dem Arbeitgebervorschlag anscheinend vorschwebt, dann in diesem Ausmaß, das rein sozial auch einmal seine bedenklichen Seiten haben kann, überhaupt noch erforderlich wäre. Auch im Rahmen unseres Vorschlages ist eine Einschränkung der als schiedsfähig zu behandelnden Streitfälle unumgänglich, und man kann in der Ausschaltung des sozialen Gesichtspunktes aus der Entscheidung über die Schiedsfähigkeit eines Streitfalls in dem Maße unbedenklicher vorgehen, als die sonstige sozialpolitische Gesetzgebung außerhalb der Schlichtung bereits die ausreichende Wahrnehmung dieses spezifisch sozialen Gesichtspunktes bei der Festsetzung der Arbeitsbedingungen sichert[55a]. Grundsätzlich aber sollte man die Häufigkeit der Verbindlicherklärungen weniger durch eine rein negative Beschränkung ihrer Begründungsarten und Motive als vielmehr durch eine verstärkte positive Betonung des Gewichts der für eine Wahrung des Einigungsgrund-

---

[55a] Für Deutschland wäre hier etwa an die Lohnregelung durch die Fachausschüsse der Heimarbeiter nach dem Hausarbeitsgesetz, für England an das Lohnamtssystem in der Landwirtschaft und in einem geringen Teil auch des Gewerbes zu denken.

sates sprechenden Gesichtspunkte einschränken. Den heutigen Voraussetzungen des § 6 der Schlichtungsverordnung wäre dann vielleicht nur ein ausdrücklicher Hinweis etwa in der Richtung beizugeben, daß die Schiedsstelle bei der Abwägung der Dringlichkeit („Notwendigkeit") eines Schiedsverfahrens, bei der Entscheidung über die Schiedsfähigkeit eines Streitfalles also, auch die grundsätzliche Bedeutung generell zu berücksichtigen hat, die der Wahrung des Einigungsgrundsatzes für die Allgemeinheit und insbesondere für die Produktivität der Volkswirtschaft zukommt. Ein solcher Hinweis würde im Rahmen der oben von uns vorgeschlagenen Regelung den Kreis der schiedsfähigen Streitfälle wohl auch genügend verengern, ohne der Schiedsstelle nach der sozialen Richtung hin völlig die Hände zu binden. Diese Regelung würde also einerseits der Schlichtung mehr Elastizität belassen, als der Arbeitgebervorschlag sie vorsieht. Andererseits aber würde die Verankerung der Schlichtungsregelung am Einigungsgrundsatz, die bisher nur ministeriell betont wurde (s. oben S. 61), dadurch auch gesetzlich festgelegt. Gegenüber der Auffassung Wissells, der, wie wir sahen, die Einschränkung der Verbindlicherklärungen ganz nur der Praxis der Schiedsorgane anvertrauen will, würde das einen Vorteil bedeuten. Denn es bürgt nichts für jene Stabilität der Schlichtung, die für die Ruhe und Stetigkeit des Wirtschaftsablaufs erforderlich ist, wenn das Maß der staatlichen Einmischung in die Lohnbildung nur in den Instruktionsstunden entschieden wird, die der jeweils wechselnde Reichsarbeitsminister den Schiedsorganen erteilt.

Die Kritik der heutigen Regelung, die wir hier erneut vertreten, hat sich inzwischen der Geschäftsführer gerade desjenigen Arbeitgeberverbandes in einer viel beachteten Rede zu eigen gemacht, dessen Arbeitskampf im Ruhrgebiet im Herbst 1928 die Diskussion der Schlichtungsreform erneut in Fluß brachte[56]. Die Schlußfolgerung einer völligen Ablehnung der Verbindlicherklärung, die Grauert dabei aus meinen Ausführungen zog, und die den Gegenstand der Angriffe Sinzheimers[57] auf der schon erwähnten „XI. Tagung der Gesell-

---

[56] Siehe die Rede des Geschäftsführers des Arbeitgeberverbandes Gruppe Nordwest d. Ver. Dtsch. Eisen- u. Stahlindustrieller in Düsseldorf, Staatsanwalt a. D. Grauert, vom 2. Juli 1929, die zur größeren Hälfte (s. S. 12 bis 16 des gedruckten Versammlungsberichtes) einen Auszug aus der Abhandlung: Angewandte Theorie der Schlichtung darstellt.

[57] Siehe den Bericht über die Verhandlungen der XI. Tagung der Gesellschaft für soziale Reform, a. a. O. S. 28.

für soziale Reform" bildeten, gingen allerdings über Sinn und Absicht der von mir (in „Angewandte Theorie der Schlichtung", a. a. O.) gemachten Ausführungen hinaus[58]. Aber auch von seiten der Wissenschaft ist schon wiederholt die Forderung erhoben worden, daß die Schiedsstelle die Möglichkeit haben müsse, die Einigungsvorschläge, deren Erklärung zu verbindlichen Schiedssprüchen von ihr zu erwägen ist, auch auf ihren Inhalt zu prüfen und abzuändern[59]. Verbindet man diese Forderung mit unserer Betonung jener in Mitteln und Zielen vorhandenen polaren Verschiedenheit von Einigungs- und Schiedsverfahren, deren Berücksichtigung bei der Regelung und Handhabung des Schiedsverfahrens das erforderliche Schiedsrisiko zwischen das Einigungs- und das etwa darauf folgende Schiedsverfahren stellt, so steht man schon sehr in der Nähe unseres Vorschlags.

Alle anderen Fragen, die heute im Mittelpunkt des Kampfes um die Schlichtungsreform stehen, beantworten sich dann aus dem Grundgedanken des von uns vorgeschlagenen Schlichtungssystems. In einem Einigungsverfahren, dem für die schiedsfähigen Streitfälle noch ein ausgebildetes Schiedsverfahren mit allen drei Stadien folgt, ist der Alleinentscheid des Vorsitzenden (s. oben S. 21 ad 2), den das Reichsarbeitsgericht in seiner bekannten Entscheidung vom 22. Januar für unzulässig erklärte, in der Tat zu entbehren. Dadurch wird der Einigungsgrundsatz hier stärker gewahrt, und es entfällt ein wichtiges Mittel zur Abwälzung der Parteiverantwortung auf die Halbierungstaktik der Schlichtungsorgane. Selbstverständlich muß dann die Schlichtungsregelung auch den Fall berücksichtigen, daß infolge Stimmenthaltung des Vorsitzenden kein Einigungsvorschlag zustande kommt. In diesem Fall könnte ein Protokoll, das die Auffassungen der Arbeitgeber- und nehmerbeisitzer einander mit Begründungen gegenüberstellt, einen geeigneten Ausgangspunkt für das darauf etwa noch folgende Schiedsverfahren abgeben.

Für dessen Handhabung wäre eine Schiedskammer mit beamteten Schlichtern und neutralen (das heißt beruflich keiner Partei nahe-

---

[58] Vgl. dazu meinen Aufsatz: Sinzheimer contra Grauert, ein Beitrag zum Streit um die Schlichtungsreform. Soziale Praxis, 38. Jahrg., H. 48.
[59] Vgl. G. Albrecht, Die Reformbedürftigkeit des Schlichtungswesens, Conrads Jahrb. f. Nat. u. Stat., III. F., 75. Bd., S. 844, 845; Zimmermann a. a. O. S. 41; H. Hoeniger, Zur Reform des Schlichtungswesens, Magazin der Wirtschaft vom 2. Mai 1929, S. 682 ad B, I.

stehenden) sachverständigen Beisitzern zu besetzen: Sie hätte zunächst die Frage der Schiedsfähigkeit (Zwangsfähigkeit) des Streitfalls nach den oben (S. 78) angedeuteten Gesichtspunkten (wirtschaftliche und soziale Dringlichkeit einerseits, grundsätzliche Wichtigkeit möglichster Wahrung des Einigungsgrundsatzes andererseits) einleitend vorab zu entscheiden. Über die Endgültigkeit dieser Entscheidung und über das Verfahren, das der dann etwa folgenden Schiedssprechung selbst zugrunde zu legen ist, wurde oben (S. 62 ff.) schon das Nötige gesagt. Der Vorschlag der Arbeitgeber, die Verbindlicherklärung an die Zweidrittelmehrheit der Schiedskammer zu knüpfen, dürfte im Rahmen des hier vorgeschlagenen Schlichtungssystems nicht einmal für die Vorabentscheidung über die Schiedsfähigkeit des Streitfalls zweckmäßig sein. Denn wenn man die Schiedskammer, wie es dem Wesen des Schiedsgrundsatzes entspricht, mit Beamten und Sachverständigen besetzt, ist es nicht erforderlich, ihr das Sicherheitsschloß einer solchen Majoritätsklausel vor den Mund zu hängen. Auch für die Entscheidung im Schiedsverfahren selbst kann aus diesem Grunde nur die einfache Mehrheit maßgebend sein, wobei hier der Vorsitzende nötigenfalls den Ausschlag geben muß. Denn wenn nach Fruchtlosigkeit des Einigungsverfahrens einmal ein Streitfall im Einleitungsstadium des darauffolgenden Schiedsverfahrens für schiedsfähig erklärt ist, so muß er auch unter allen Umständen entschieden werden. So unzweckmäßig die Erzwingung eines Entscheids im Einigungsverfahren ist, so unentbehrlich ist sie im Schiedsverfahren. Die Zusammensetzung des Schiedsamts aus beamteten Schlichtern und neutralen sachverständigen Beisitzern dürfte es aber an sich schon verhindern, daß die Stimme des Vorsitzenden häufig gegenüber einer Stimmengleichheit der Beisitzer den Ausschlag gibt[60].

---

[60] Mit Recht wendet sich auch Sitzler (Soziale und wirtschaftliche Bedeutung der staatlichen Schlichtung, a. a. O. Sp. 22) gegen den Arbeitgebervorschlag einer Zweidrittelmehrheit der Schiedskammer. Wenn er aber seine diesbezügliche Argumentation gegen den Reformvorschlag mit den Worten beschließt: „Ich glaube, wir sollten die Entwicklung der Zukunft überlassen in dem Vertrauen, daß auch auf diesem Gebiet das Wertvolle bestehen und das Unzulängliche verschwinden wird", so schüttet er damit denn doch wohl das Kind mit dem Bade aus. Bei der Bedeutung, die Sitzler durch seine Stellung im Reichsarbeitsministerium für eine etwaige Reform unseres Schlichtungswesens hat, müßte ein solcher optimistischer Fatalismus einigermaßen bedenklich stimmen.

Während wir demnach der Ablehnung des die Zweidrittelmajorität betreffenden Arbeitgebervorschlages durch Sinzheimers Mannheimer Referat (a. a. O. S. 44) nur zustimmen können, vermögen wir den übrigen Argumenten, mit denen Sinzheimer dort die Schiedskammer bekämpft, nicht beizutreten. Sinzheimer befürchtet dort eine „Verschleppung der Verbindlicherklärung" durch ein „umständliches Verfahren", die „Hinausschiebung der Entscheidung in etwaigen lebenswichtigen Fragen der gesamten Wirtschaft". Diese Mängel aber sind — gleiche Gründlichkeit der Entscheidung vorausgesetzt — bei geeigneter Regelung des Verfahrens von einer ständigen, über alle einschlägigen Fragen laufend unterrichteten Schiedskammer meines Erachtens nicht so zu besorgen wie heute zum Beispiel von einem Einzelschlichter, der erst ad hoc vom Minister ernannt wird. Weiter meint Sinzheimer: „Eine einheitliche Richtung in der Frage der Verbindlicherklärung kann nur dann bestehen, wenn die Verbindlicherklärung nicht an kollegiale Zufallsentscheidungen gebunden wird. Dies gilt besonders, wenn man an die lohnpolitische Funktion des Schlichtungswesens denkt. Ohne einheitliche lohnpolitische Einstellung des Schlichtungswesens kann das Institut der Verbindlicherklärung kaum gehandhabt werden." Aber abgesehen davon, daß in unserer parlamentarischen Demokratie kollegiale Entscheidungen in politischen Dingen nicht so selten und auch durchaus nicht immer „Zufallsentscheidungen" sind, führten wir oben (S. 64) bereits aus, daß für die Entscheidungen im Schiedsverfahren eine individualisierende Behandlung des einzelnen Streitfalls mindestens ebenso wichtig ist, wie die „einheitliche lohnpolitische Einstellung". Ziehen wir als Beispiel nur den (gegenwärtig in Deutschland nicht wirklichen aber denkbaren) Fall heran, diese lohnpolitische Einstellung der Schiedsorgane bestehe in der Erkenntnis, daß eine Senkung der Nominallöhne zur tunlichsten Hochhaltung des Reallohns erforderlich sei. Sobald dann diese Einstellung in den Entscheidungen der Schiedsorgane zu einem so „einheitlichen" Ausdruck käme, wie er Sinzheimer hier anscheinend vorschwebt, so würde die Arbeitgeberschaft durch die Aussicht auf diese einheitliche und daher deutliche Tendenz der Schiedssprechung vermutlich alsbald im Einigungsverfahren ihre Verständigungsbereitschaft zu einem erheblichen Teil verlieren. Die Absicht einer maßvollen Nominallohnsenkung würde so unvermeidlich zu einem ungewollt weitgehenden Einbruch des Lohnniveaus führen, bei dessen Reparierung die

Schiedssprechung dann wieder die gleichen Schwierigkeiten mit umgekehrten Vorzeichen zu gewärtigen hätte. Was in jedem Falle zu kurz käme, wäre die Stabilität der Produktion und — der Einigungsgrundsatz, um dessen Pflege man heute mit Recht so allseitig besorgt ist[60a]. Diesem Grundsatz würde gerade das Unsicherheits- (nicht Zufalls-) moment, das in Kollegialentscheidungen in der Tat oft liegt, unseres Erachtens sehr zugute kommen.

Die nicht beamteten sachverständigen Beisitzer des gedachten Schiedsamtes wären von den Arbeitgeber- und -nehmerverbänden gemeinsam vorzuschlagen und von seiten der Regierung aus der Zahl der Vorgeschlagenen zu ernennen. Die richterliche Unabhängigkeit, die man heute vielfach für die Mitglieder der Schiedskammer fordert, dürfte mit der politischen Färbung nicht vereinbar sein, die vom Schiedsverfahren, wie wir sahen, schlechterdings nicht fernzuhalten ist. Doch sollten die Mitglieder des Schiedsamtes von seiten der Regierung mehr orientiert als instruiert werden, und es sollte gesetzlich festgelegt werden, daß im einzelnen Fall die Freiheit ihres Spruches nicht durch Weisungen seitens der Regierung beschränkt werden darf. Das Institut für Konjunkturforschung, die übrigen Stellen der amtlichen Statistik, die sozialpolitischen Vereine usw. hätten mit dem Schiedsorgan in steter Fühlung zu bleiben.

Einer Beunruhigung der Öffentlichkeit, wie sie von der Aussperrung im Ruhr-Eisenkonflikt im Herbst 1928 ausging, wäre durch schärfste Durchführung einer Maxime vorzubeugen, die sich vor allem in Canada bewährte, und die wir im Anschluß auch an die Forderungen der Wissenschaft (v. Zwiedineck-Südenhorst a. a. O. S. 369) als „Grundsatz der Wahrung des Schlichtungsfriedens" formulierten. Das aufschiebende Verbot offener Arbeitskämpfe vor Erschöpfung der gesetzlichen Schlichtungsmöglichkeiten, das

---

[60a] Auch Sinzheimer selbst betont am Schluß seines Referats (a. a. O. S. 48)· „Was in erster Linie anzustreben ist, ist der freiwillige Tarifvertrag. Was zu seiner Förderung geschehen kann, soll geschehen." Auch er will „die Freiheitskräfte, die in dem Tarifvertrag in erster Linie walten", nicht lahmgelegt, sondern gefördert wissen. Es ist nur die Frage, ob die unveränderte Organisation des Schlichtungswesens, die er empfiehlt, wirklich einen Weg zu diesem Ziel darstellt. Bisher konnte man das von ihr nicht sagen, wie wir oben (S. 60) zu zeigen versuchten.

VI. Einigungs- und Schiedsgrundsatz in der deutschen Schlichtungsreform.

dieser Grundsatz fordert [60b], wäre mit den schärfsten Mitteln (Einforderung hoher Kautionen, Unterstützung des Gegners der widerspenstigen Partei) durchzusetzen, und zwar unter gesetzlicher Verlängerung des zwischen den Parteien bisher bestehenden Vertragszustandes. Erst wenn auch die etwaigen Rechtsbeschwerden (die zur Entscheidung der Rechtmäßigkeit der Schlichtungsakte ja stets möglich bleiben müssen) von den Arbeitsgerichten rechtskräftig entschieden sind, sollte dies Gebot des Schlichtungsfriedens seine Geltung verlieren.

Wir ließen unsere Kritik der heutigen deutschen Schlichtungsregelung vorstehend auch in positive Vorschläge ausmünden. Dies kann freilich nur unter Hervorhebung jenes Vorbehalts geschehen, den wissenschaftliche Spezialuntersuchungen unmittelbar praktischen Vorschlägen stets beifügen müssen: Auch die angewandte Wissenschaft kann ja stets mit Sicherheit nur das unter bestimmten Voraussetzungen Richtige, niemals das in der Empirik nach jeder Rücksicht hin Mögliche aussagen, dessen Kunst vielmehr dem Politiker selbst stets vorbehalten bleiben muß. Aber auch insoweit dieser Vorbehalt ihre Bedeutung mindert, können unsere Vorschläge zur Erläuterung der vorangestellten theoretischen Gedankengänge herangezogen werden.

Gerade in den Gegenwartsfragen der Schlichtung spielen ja auch im engsten Sinne politische Gesichtspunkte eine sehr bedeutende Rolle, wie unser obiger Hinweis auf die Politisierung der Lohnbildung schon zeigte. Den Arbeitgebern zwar ist ihre Stellungnahme zugunsten des Einigungsgrundsatzes gegenwärtig insofern und solange erleichtert, als die ihnen nahestehenden politischen Parteien keinen wesentlichen Einfluß auf das Arbeitsministerium und damit auf die Richtung der Schiedssprechung ausüben. Viel schwerer schon dürften die Gewerkschaften in ihrer gegenwärtigen politischen Position sich für eine Regelung entscheiden, die dem Einigungsgrundsatz im Schlichtungswesen zu wirklicher Wirksamkeit verhilft. Denn von der politischen Färbung, die die Schlichtung in dem Maße annimmt, als sie sich am Schiedsgrundsatze orientiert, glaubt jede Arbeitspartei (Arbeitgeber- wie -nehmer) insoweit nur „Gutes" für ihre Anhänger erwarten zu dürfen, als die ihr nahestehenden politischen Parteien die Entschlüsse des Arbeitsministeriums zu beeinflussen hoffen können. Unabhängig von der politischen

---

[60b] Dafür auch Nipperdey auf der Mannheimer Tagung der Gesellschaft für Soziale Reform (Verhandlungsbericht a. a. O. S. 105). Ebenso L. Grauert, Soziale Reform oder Reform der Sozialpolitik, a. a. O.

Tageskonstellation werden aber gerade die Gewerkschaften zu bedenken haben, daß eine wirklich weitgehende Orientierung der Schlichtung am Schiedsgrundsatz ihnen das Streikrecht raubt und ihre Organisationen auf dem propagatorisch wichtigsten Gebiete ihrer bisherigen Wirksamkeit, dem Lohnkampf, zu kraftlosen bloßen Verwaltungsstellen des staatlichen Regimes erstarren läßt.

Die Schlichtung ist der Angelpunkt unserer Lohnbildung. Während nach Abschluß der Inflation die vor allem durch die Schiedssprechung geförderte fortgesetzte Steigerung der Nominallöhne jahrelang eine Steigerung auch des Reallohnes erreichen konnte, sind die Kurven des Lebenshaltungsindex und der Arbeitslosenziffern (von Saisonschwankungen abgesehen) heute bereits bedenklich hinter der Kurve der Nominallöhne hergeklettert. Schon erheben auch solche Vertreter der Wissenschaft warnend ihre Stimme, deren soziale Gesinnung sich in einer Zeit politischer Machtlosigkeit der Arbeiterschaft einwandfrei bewährte[61]. Vieles spricht in der Tat dafür, daß die Zeit heute nicht mehr fern ist, wo nur ein Stillstand oder gar eine Senkung der Nominallöhne wirklich begründete Aussicht auf eine weitere dauerhafte Steigerung oder doch Erhaltung der erreichten Reallöhne zu bieten vermag. In diesem Falle würde dann die bisherige Lohnpolitik der fortgesetzten Nominallohnerhöhungen die Grenze auch des rein sozialpolitisch Vertretbaren erreicht haben. Sollte aber diese Befürchtung nicht eintreffen, so würde unseres Erachtens gerade eine stärker am Einigungsgrundsatz orientierte Schlichtung, wie wir sie vorschlagen, am ehesten unabhängig von etwaigen Änderungen der politischen Lage diejenigen weiteren Nominallohnerhöhungen durchsetzen können, die dann im Hinblick auf das Ziel nachhaltiger Reallohnsteigerung zu fordern wären. Denn durch die Unabdingbarkeit und die Allgemeinverbindlichkeitserklärung der Tarifverträge sowie nicht zuletzt auch durch die Arbeitslosenversicherung wird heute der Arbeitnehmerpartei immerhin bereits eine gewisse grundsätzliche Gleichheit ihrer wirtschaftlichen Machtlage gegenüber dem Unternehmertum gewährleistet. Dazu kommt noch jener Einschlag zum Schiedsgrundsatz, den auch unser Vorschlag nicht aufgeben will. Beides läßt die Annahme begründet erscheinen, daß eine Loslösung der Lohnbildung von ihren politischen Krücken, wie

---

[61] Vgl. z. B. die viel beachtete Äußerung O. v. Zwiedineck-Südenhorsts in der Debatte der erwähnten Mannheimer Tagung der Gesellschaft für soziale Reform.

unser Vorschlag sie im Ausmaße seiner stärkeren Betonung des Einigungsgrundsatzes erstrebt, dem Ziele einer nachhaltigen Steigerung des Reallohns in keinem Falle abträglich sein müßte. Ist doch den englischen Gewerkschaften zum Beispiel auch ohne vorwiegende Zwangsschlichtung in den letzten Jahren die Aufrechterhaltung sogar eines Lohnniveaus gelungen, das, durch die Deflation überhöht, wohl manche Schwierigkeiten der englischen Volkswirtschaft (Arbeitslosigkeit) mitverschuldet hat[62].

Die Ablehnung der gegenwärtigen deutschen Schlichtungsregelung, die wir unserem Vorschlage zugrunde legten, verkennt nicht die Verdienste, die das deutsche Schlichtungswesen sich trotz seiner gekennzeichneten Organisationsfehler in den auf die Inflation folgenden Jahren um den Wiederaufbau der damals ungewöhnlich niedrigen Reallöhne hat erwerben können. Aber dieser Reallohnaufbau ließ sich, wie gesagt, durch eine Steigerung der Nominallöhne erreichen und stieß unter den gegebenen wirtschaftlichen und politischen Machtverhältnissen auf keine allzu großen Schwierigkeiten. So konnte auch ein mangelhaftes Werkzeug, richtig gehandhabt, gute Ergebnisse erzielen. Der Schlichtungsverordnung sind jene Mängel um so weniger vorzuhalten, als sie im Oktober 1923 ausdrücklich nur „bis zur endgültigen gesetzlichen Regelung" auf Grund des wenige Tage vorher ergangenen Ermächtigungsgesetzes in der Not des Augenblicks erlassen wurde. Es kann aber, wie angedeutet, die Zeit kommen, wo die deutsche Schlichtungs- und Lohnpolitik sich vor Aufgaben von viel größerer Schwierigkeit gestellt sieht. Soll sie dann ihr sozialpolitisches Ziel einer nachhaltigen Steigerung bzw. tunlichsten Hochhaltung der Reallöhne erfüllen, so darf sie nicht mit Fehlern und inneren Widersprüchen belastet bleiben, wie wir sie vorstehend nachzuweisen suchten. Dann ist die wissenschaftlich durchdachteste, in sich folgerichtigste Schlichtungsregelung gerade gut genug, um Fehler zu verhindern, wie sie zum Beispiel die Krisis im australischen Schlichtungswesen heute deutlich genug offenbart.

Erforderlich dazu ist vor allem eine klarere Erfassung und sorgfältigere Berücksichtigung der Probleme, vor die die polare, graduelle Antithese von Einigungs- und Schiedsgrundsatz jede Schlichtungs-

---

[62] H. v. Beckerath (a. a. O. S. 58) weist darauf hin, ohne allerdings dabei das englische Lohnamtssystem zu berücksichtigen, das dort in gewissem Ausmaß zwangsschlichtungsartig wirkt (vgl. oben Anm. 55a).

regelung stellt. Beide Grundsätze, Einigungs- wie Schiedsgrundsatz, bedürfen dabei der Berücksichtigung und müssen nach den angegebenen Gesichtspunkten wohl gegeneinander abgewogen werden. Wird der Einigungsgrundsatz ausschließlich berücksichtigt, so wird das Ziel aller gesunden Schlichtung — die Befriedung der Arbeitsgemeinschaften im Dienste der Wirtschafts- und Sozialpolitik im Sinne unserer obigen Definition — oft nicht genügend erreicht werden können. Wird aber der Schiedsgrundsatz zu stark in den Vordergrund gestellt, so wird der dann zwar erreichte Frieden nur zu leicht ein Kirchhofsfrieden der Wirtschaft werden, an dem nicht zuletzt auch die Sozialpolitik zugrundegehen muß.

Printed by Libri Plureos GmbH
in Hamburg, Germany